Das Herz
hat seinen eigenen Kopf

Ja, es gibt noch mehr im Leben!

Dieses Buch beinhaltet eine wahre Geschichte. Ich stelle die Personen und Gegebenheiten zum Teil verfremdet dar, um die Privatsphäre der Beteiligten zu schützen.

Wichtiger Hinweis

Die hier vorgestellten Informationen und Arbeitsanleitungen können ärztlichen oder therapeutischen Rat und Hilfe nicht ersetzen. Siehe dazu auch den Haftungsausschluss am Ende des Buches.

Bibliografische Information der Deutschen Nationalbibliothek:
Die Deutsche Nationalbibliothek verzeichnet diese Publikation in der Deutschen Nationalbibliografie; detaillierte bibliografische Daten sind im Internet über http://dnb.dnb.de abrufbar.

Illustration und Layout: werk71 gmbh, Oberhasli – Zürich
Lektorat: Tom Oberbichler, be-wonderful.com, Wien
Korrektorat und Satz: Corinna Rindlisbacher, ebokks.de, Hildesheim
Bilder: fotolia.com

Herstellung und Verlag: BoD – Books on Demand, Norderstedt

ISBN: 978-3-7448-2074-5

Über das Buch

Wie uns die Autonomie unseres Unterbewusstseins manchmal ein Schnippchen schlägt, erklärt Petra Panholzer mit viel Selbstironie anhand ihrer persönlichen Geschichte. Als sie nach einem schweren Autounfall ihre erste Panikattacke erlebte, wusste sie nicht, was um sie passiert. Sie war felsenfest davon überzeugt, auf der Stelle zu sterben. Die drauffolgenden Attacken bestätigten ihr immer wieder, dass sie ernsthaft körperlich erkrankt sein musste. Erst viele todgestorbene Augenblicke später erhielt sie von einem Herzspezialisten die konkrete Diagnose. Dabei glaubte sie kaum, dass sie gar nicht krank war, sondern „nur" unter Panikattacken litt, denn auf bewusster Ebene fürchtete sie sich vor nichts. Eine Odyssee begann – auf den Spuren nach bewussten und unbewussten Glaubenssätzen, mentalen Überlistungen und dem Befreiungsschlag aus den Klauen der Panik und raus aus den selbstlimitierenden Einschränkungen.

Als sie die Verbindung zwischen Kopf, Herz und Körper und die daraus resultierende Realitäts-Regel erkannte, verstand sie, dass man mit einer bewussten Entscheidung nicht nur Dinge wie Panik oder Angst loslassen, sondern auch viele andere wünschenswerte Erfahrungen mit Absicht ins Leben ziehen kann. Dabei spielt das Herz, das Organ unserer inneren Wahrheit und unseren Emotionen, eine zentrale Rolle.

**Für
Alissa und Fiona**

Inhaltsverzeichnis

Kapitel 5
Wenn der Säbelzahntiger das Leben bedroht: Angst und Panik als Ergebnis von falschen Verknüpfungen **87**

Kapitel 6
Die geheime Wunderwaffe: Gedanken **112**

Kapitel 7
Die Umkehr: Raus aus den Klauen der Angst und der Selbstlimitierung **123**

Vorwort

Ich freue mich, dass du dich bei dem riesigen Angebot an Büchern mit Lebensweisheiten und schöpferischen Ratgebern entschieden hast, dieses Buch zu lesen.

Willst du deine Ängste und Blockaden überwinden und endlich durchstarten? Meine Erfahrung ist: „Du kannst das!" Und zwar ohne, dass du dein bisheriges Leben völlig umkrempeln musst. Du kannst es in vieler Hinsicht problemlos weiterführen wie bisher. Wünschst du dir deine Berufung zu leben statt nur einen Beruf auszuüben? Oder möchtest du einfach endlich das tun, was du dir in deinem Herzen schon lange wünschst? Dann ist dieses Buch genau das richtige für dich.

Voraussetzung ist, dass es deiner Seele entspricht. Weder dein Umfeld noch deine Familie noch dein derzeitiger Beruf sind Hindernisse, deinen ganz persönlichen Weg zu gehen. Es kann jedoch sein, dass du an einen Punkt gelangst, an dem du merkst, dass du das eine oder andere in deinem Leben loslassen musst. Hier gilt: lieber heute als morgen. Denn loslassen ist ein natürlicher Prozess, der zur Entwicklung gehört.

Ich lade dich zu einer Reise ein, auf der du deine Herzenswünsche entdecken und merken wirst, was alles in dir steckt und wie viel mehr möglich ist, als du jetzt vielleicht glaubst. Du wirst feststellen, dass es nur an dir liegt, ob du deine Berufung lebst oder nicht, und du wirst deine Ziele erreichen und nicht nur davon reden. Von manchen der Methoden, die ich dir vorstelle, wirst du sicher schon gelesen haben. Ich erfinde das Rad nicht neu, ich erzähle dir von meiner eigenen Reise und meinen Erfahrungen, die ich zu einer ausgefeilten Strategie entwickelt habe. Zur Begleitung durch „Das Herz hat seinen eigenen Kopf" habe ich für dich eine Schritt-für-Schritt-Anleitung als Workbook zusammengefasst, das du dir kostenlos unter: www.petrapanholzer.com/mehr/workbook herunterladen kannst. Hole es dir gleich, damit du von Anfang an damit arbeiten kannst, während du liest. So profitierst du am meisten von diesem Buch.

Schon seit Kindesalter an hat mir das Schreiben viel Spaß gemacht. Später habe ich in meiner beruflichen Karriere viel mit Öffentlichkeitsarbeit zu tun gehabt und gemerkt, dass mir die schriftstellerische Arbeit sehr gefällt.

Ich kam schon vor über zehn Jahren auf die Idee, ein Buch über das Thema „Wie unser Denken die Realität bestimmt" zu schreiben. Ich war damals an einem Punkt angelangt, an dem ich begriff, dass alles, was ich bin und sein werde, meinem Denken entspringt. Dieses Thema beschäftigte mich damals – ausgelöst durch eine Krise, die ich durchlebte – sehr stark.

Im Alter von 22 bis 32 war ich von schlimmen Panikattacken geplagt. Als ich mich nach und nach durch das Umprogrammieren falscher Glaubenssätze von meinen Ängsten befreite, merkte ich, dass für mich durch den richtigen Einsatz meiner mentalen Kraft und der Macht der Gefühle im Leben ungeheuer viel möglich ist. Ich habe mir damals ein Manuskript angelegt und meine Erfahrungen und persönlichen Strategien heraus aus der Angst in ein selbstbestimmtes Leben niedergeschrieben.

Dann wurde ich Mutter von zwei wundervollen Töchtern und setze die Prioritäten erst mal anders. Das Schreiben musste warten. In dieser Zeit habe ich mich intensiv mit der Quantenphilosophie, dem Resonanzgesetz und vielem, was an die Grenzen des Verstandes und weit darüber hinausgeht, beschäftigt. Dabei habe ich die unendliche Kraft des Denkens und das Vertrauen des Herzens für mich wiederentdeckt.

Ich habe meine persönliche Entwicklung mit Hilfe kontinuierlicher Intuitionsschulung weiter vorangetrieben und dabei gelernt, dass mein Herz und das Fühlen bei all meinen Gedanken und Tun eine zentrale Rolle spielt.

Bei vielen Büchern und Filmen über Persönlichkeitsentwicklung, die auf dem Markt sind, fehlt meiner Meinung nach genau dieser wichtige Aspekt.

Das Herz ist weit mehr als ein pumpender Zellklumpen. Unser Herz spricht die Sprache unserer Seele. Es verfügt über ein eigenes Gehirn und gibt uns den Zugang zu dem, was wir wirklich im Leben wollen. Im Verlaufe meiner Geschichte bringe ich dir dazu auch modernste wissenschaftliche Hintergründe nahe. Vermutlich hatten bereits die alten Ägypter mit der Annahme recht, dass das Herz als Zentrum unseres Seins funktioniert. Deinem Herzen zuzuhören, macht dich authentisch und zu einem Menschen, mit dem du dich selber wohlfühlst.

Deshalb ist es fast das Wichtigste im Leben, deinen eigenen „Herzenswünschen" zu folgen, denn sie bringen dir die Erlebnisse und die

Erfahrungen, die für dein persönliches Leben bestimmt sind. Ich folge zum Beispiel mit der Veröffentlichung dieses Buches einem meiner lange gehegten Herzenswünsche.

Ich bin stolz darauf und freue mich, meine Erfahrungen und Erkenntnisse mit dir zu teilen. Es geht mir nicht darum, Recht zu haben oder dich von meiner Sicht zu überzeugen. Vielmehr möchte ich dir einen neuen Blickwinkel aufzeigen und die Möglichkeit geben, Dinge anders zu sehen und handzuhaben als bisher.

Ich bin weder Guru noch spirituelle Verrückte. Ich bin ein bodenständiger und pragmatischer Mensch, der lange nicht perfekt ist und wie alle durch die Höhen und Tiefen ihres Lebens geht. Gerade mit den Tiefen so umzugehen, dass du gestärkt daraus hervorkommst, ist die Kunst, auf die es ankommt.

Ich habe dir schon kurz erzählt, dass mein Leben lange Zeit von plötzlich auftretenden und massiven Angst- und Panikattacken geprägt war. Ich hatte dabei Herzrasen und Schweißausbrüche, begleitet von Todesängsten. Dem Auslöser kam ich nur langsam auf die Spur und dabei verstand ich viel über mich selbst, die Funktionsweise meines Verstandes und meines Körpers.

Aber auch, dass ich die Angst mit dem Verstand erfasste, vermochte mein Herz nicht zu bändigen. Es schien mir: „Mein Herz hat seinen ganz eigenen Kopf". Ich fand Möglichkeiten, wie ich gut mit diesen fiesen Attacken umgehen und meine Ängste schließlich bewältigen konnte. Ich ging weg von den limitierenden Panikattacken in ein selbstbestimmtes, bewusstes Leben.

Die Vorstellungskraft, die weit über den rationalen Verstand hinausgeht, ist ein Instrument des Herzens, das du immer mit dir führst und in jeder Lebenslage einsetzen kannst. Ich zeige dir anhand meiner persönlichen Geschichte, wie du das mentale Training einsetzt und dabei über deine eigenen Grenzen hinausgehst.

Ich spreche dabei nicht nur Menschen mit einer Phobie an, sondern zeige allen Menschen Möglichkeiten, wie sie es schaffen mit Hilfe von Visualisieren und der Nutzung einer bestimmten Technik das möglich zu machen, was sie früher für unmöglich hielten. Die Panik war mein Weg zu erkennen, wie die eigenen Schöpfungsmöglichkeiten mit der unendlichen Kraft des Denkens und dem Vertrauen des Herzens fast grenzenlos sind.

Ich zeige dir mit Hilfe der Quantenphilosophie auf, dass zwischen deinem Bewusstsein, insbesondere deinem Herzbewusstsein, deinen Gedanken und Gefühlen und dem, was du in deinem Leben manifestierst, ein direkter Zusammenhang besteht. Ich zeige auf, dass Think-Positive-Dogmen oder ein eiserner Wille alleine dir nichts nützen, um deine Ziele zu erreichen. Dafür musst du die Verbindung vom Kopf zum Herz mit einem positiven Gefühl verinnerlichen.

Du bekommst mit diesem Buch meine persönliche Strategie an die Hand. Mit einfachen Werkzeugen lernst du, dein Gespür zu entwickeln und dafür sensibel zu werden, wie sich Gedanken anfühlen – und du diese Gefühle mit einer simplen Technik einsetzt, um deine Herzenswünsche zu verwirklichen.

Gestützt auf meine eigene philosophische Sichtweise, liegt es mir daran, dir in diesem Buch auf einfache, verständliche und anschauliche

Art und Weise zu beschreiben, wie du dein Leben aus jeder Situation heraus positiv verändern kannst.

Wenn du weißt, wie es funktioniert, brauchst du nur mehr ein Denken in kindlicher, grenzenloser Dimension, die Vorstellungskraft, gewünschte Dinge in der Realität zu sehen, und den Glauben daran, noch besser das GEFÜHLTE Wissen, dass es passiert. Expect the unexpected – Erwarte das Unerwartete und wisse, dass es dir zusteht.

Es gibt dabei nur einen kleinen Haken, den ich dir nicht vorenthalte, er hat drei Buchstaben: TUN. Ohne dein selbstbestimmtes Handeln geht gar nichts.

In meiner idealen Welt haben alle Menschen, egal in welchem Umfeld sie auf die Welt gekommen sind, die Möglichkeit, ihre persönliche Fülle zu erschaffen. In dieser Vision gibt es weniger Anlässe, Kriege zu führen oder Gewalt- und Verzweiflungsakte auszuführen, die Leben zerstören und weiteres Leiden hervorrufen.

Es ist der Glaube an Armut und Elend, der Glaube an das nicht Wertsein, der Glaube an das nicht Können, der dazu führt, dass Menschen sich mit scheinbar unveränderbaren Situationen abfinden.

Es sollte möglich sein, dass jeder einzelne Mensch ein Leben mit genügend Nahrung, Wärme und einer Behausung führt. Aber so lange wir nicht daran glauben, werden wir das auch nicht erfahren und im Status quo verweilen.

Am besten beginnst du gleich jetzt an die Möglichkeit zu glauben, dass all deinen persönlichen Herzenswünschen Rechnung getragen wird, denn du bist auf der Welt, um diese Erfahrungen einzusammeln.

Fange jetzt an, dein eigenes Paradies zu erbauen. Wenn alle ein bisschen an ihrem eigenen Paradies bauen, jeder Mensch für sein eigenes Wohl sorgt, dann können wir gemeinsam viel zu einer insgesamt freudvolleren Welt beitragen. Es ist unsere Aufgabe und unsere Pflicht, auf uns selbst aufzupassen, denn wir sind uns der nächste Mensch.

Vielfach ist es genau diese Verantwortung, die ein jeder für sich selber nicht übernehmen will, um sein eigenes Glück zu schaffen, die Menschen in Umständen verharren lässt, die ihnen nicht wohltun. Lieber machen wir äußere Umstände, andere Personen und scheinbar unveränderliche Faktoren dafür verantwortlich, dass wir nicht den Erfolg erreichen, den wir uns erträumen.

Wenn du ehrlich zu dir selber bist, dann weißt du, dass diese angeblichen Umstände nur Entschuldigungen sind, um dich nicht aus deiner Komfortzone bewegen zu müssen.

Tatsache ist: Nichts in unserer Welt ist in Stein gemeißelt und ewig. Alles kann von jedem Einzelnen in bestimmten Grenzen verändert werden, je nachdem, ob du dich als handelnder Mensch oder als passives Opfer definierst.

Viel Spaß beim Lesen und Erfahren neuer Sichtweisen.

Petra Panholzer

Kapitel 1
Vorsehung oder totale Selbstbestimmung

Ja, es gibt noch mehr im Leben

Es gibt Menschen, die überzeugt sind, dass ihr Lebensweg von Geburt an vorbestimmt sei. Sie glauben an das Schicksal, das ihnen unausweichlich und unveränderlich das Leben weist. Manche glauben, dass sie ihr Schicksal selbst beeinflussen können, und andere halten wiederum die Idee des Schicksals für schlicht falsch und glauben, dass das Leben vom Zufall abhängt. In welcher Sichtweise findest du dich wieder? Wahrscheinlich irgendwo dazwischen, nicht wahr?

Wärst du tatsächlich einer vorherbestimmten Lenkung unterworfen, wo bliebe dann deine Freiheit zu entscheiden? Gäbe es eine lückenlose Vorsehung, wären wir ferngesteuerte Marionetten und für nichts verantwortlich. Das wäre vielleicht in mancher Hinsicht einfach, und du könntest ein gedankenloses Leben führen. Ohne jeglichen inneren Antrieb läufst du jedoch mit angezogener Bremse durch die Welt und konsumierst dein Leben lang nur wie ein blutsaugender Moskito, ohne bewusst etwas von dir zu geben und ohne dich zu fragen, welchen Fußabdruck du auf der Welt hinterlassen möchtest.

Aber ich glaube, spätestens im Altersheim auf der Gartenschaukel würdest du dich fragen: „Wessen Wünschen bin ich eigentlich mein ganzes Leben lang gefolgt und wessen Selbst habe ich während meines Lebens Ausdruck verliehen? Wessen Leben habe ich gelebt?"

Nun bist du aber noch lange nicht dort angelangt und in welchem Lebensabschnitt du auch steckst, es steht dir völlig frei, an der Weggabelung links oder rechts zu gehen. Mit dieser Entscheidungsfreiheit umzugehen, ist nicht immer einfach und erfordert viel Bewusstsein von dir.

Bewusstsein heißt in diesem Kontext, achtsam durch das Leben zu gehen. Erst, wenn du achtsam bist, nicht nur anderen Menschen, sondern hauptsächlich dir gegenüber, kannst du den Dingen in deinem Leben eine entsprechende Bedeutung beimessen.

Oftmals gibt es Tage, an denen du dich irgendwie unzufrieden fühlst, ohne einen ersichtlichen Grund dafür zu haben. Wenn dein Verstand keinen Grund parat hat, findest du in diesen Situationen einen.

Am einfachsten geht das, wenn du ihn dir im Außen suchst und schnell findest. Da ist zum Beispiel der Mann, der es nie rechtzeitig wie abgemacht nach Hause zum Abendbrot schafft und ständig vergisst, den Müll hinauszutragen. Oder die Kinder, die nicht verstehen, dass sie das Waschbecken nicht mit Zahnpasta verzieren sollen. Oder der Chef, der dir nicht einmal anständig „Guten Morgen" sagt, wenn er ins Büro kommt.

Irgendwie fühlt sich alles mühsam an, und du fragst dich vielleicht, ob du leicht depressiv oder bereits in den Wechseljahren bist. Du beendest deinen Tag immer öfter mit einem Löffel im Nutellaglas oder bist schon vorher fixfertig vor dem Fernseher eingeschlafen.

Kommt dir das bekannt vor? Du weißt nicht, was los ist? Depressionen, das ist doch was für andere. Aber du spürst, dass dir irgendetwas fehlt, du fühlst dich unzufrieden, privat wie beruflich.

Objektiv betrachtet hast du keinen Grund unzufrieden zu sein, denn wenn du dir die Welt anschaust, gehörst zu dem privilegierten Teil der Weltbevölkerung, der das Glück hat, in einem der höchst entwickelten Länder der Welt zu leben. Du kannst sauberes Wasser trinken, deine Berufswahl war gut, das Gehalt ist okay und du hast eine große Familie und ein schönes Zuhause eingerichtet. Eigentlich stimmt doch alles, oder doch nicht?

> *So geht es zum Beispiel meiner Bekannten Kathrin. Sie hat eine Familie, die sie liebt, ihre beiden Kinder bringen gute schulische Leistungen. Sie arbeitet Teilzeit zweimal wöchentlich als Floristin in der Firma, in der sie bereits ihre Ausbildung gemacht hat. Das Geld, das sie verdient, kann sie als Taschengeld für sich persönlich nutzen oder besondere Familienausflüge damit finanzieren. Sie macht zweimal die Woche Sport und trifft regelmäßig ihre Freundinnen. Ihr Mann bringt genug Geld nach Hause, um die nötigen Alltagsdinge zu kaufen und zweimal im Jahr mit der ganzen Familie in den Urlaub zu fahren.*

Es sollte Kathrin also gut gehen und sie könnte ihr gegenwärtiges Leben sorglos genießen. Tut sie aber nicht. Sie ist oft unglücklich und hat schon lange bemerkt, dass ihr etwas fehlt. Ihr Tag steckt voller Termine und sie hat das Gefühl, die Zeit läuft ihr weg. Am Abend sind die Dinge, die sie erledigen wollte, immer noch nicht getan, und sie fragt sich immer öfter: „Ist das wirklich alles im Leben?"

Geht es dir manchmal genauso? Bist du manchmal auch ohne ersichtlichen Grund missgelaunt, antriebslos und unlustig? Oder stehst du am Montagmorgen um sechs Uhr auf, wirfst die Decke zur Seite und gehst mit einem Lächeln ins Bad? Du freust dich auf das, was kommt: auf deine Arbeit, und du weißt, dass dich der Tag erfüllen wird? Oder meinst du, Spaß an der Arbeit zu haben, sei ein reiner Wunschtraum? Dann bist du wahrscheinlich festgefahren in deinem Beruf und vielleicht sogar im Leben.

Es kann gut sein, dass du ein Leben vorbei an deiner eigentlichen Berufung lebst, verstrickt in Alltagsroutinen. Das zermürbt deine Seele und macht einen Teil in dir unglücklich, ohne dass du weißt, wo du den Grund dafür suchen sollst.

Hast du resigniert und findest dich damit ab, dass es nur noch 25 Jahre bis zur Rente sind? Falls du so denkst, dann lebst du nicht dein wirkliches Potential und bist wie ein Baum, der niemals Früchte trägt.

Du solltest in dich hineinhören und herausfinden, was du wirklich willst. Indem du deine Berufung findest und deine Lebensaufgabe erfüllst, empfindest du dein Leben als sinnvoll und glücklich.

Unzufrieden zu sein, heißt nicht zwangsläufig, dass du in einer Depression gelandet bist. Eine chronische Unzufriedenheit ist oft der Beginn der Suche nach der eigenen Berufung. Du spürst, dass dir irgendetwas fehlt. Oft rennen Menschen im Hamsterrad des Alltags und sind vor lauter Stress und Terminen in Bezug auf ihre Bedürfnisse komplett desorientiert.

Auch das Gegenteil ist manchmal der Fall. Vielleicht lebst du total belanglos in den Tag hinein. Am Morgen, wenn du aufwachst, gehst du nicht „in" den Tag, sondern fällst hinein und verbringst ihn irgendwie. Wenn du dir bewusst wirst, was dir wirklich im Leben wichtig ist, und danach lebst, bist du begeistert und erfüllt. So holst du dir das Gefühl der Ganzheit und des Angekommen-seins.

Natürlich ist es keine Schande, zwischendurch mal einfach in den Tag hineinzuleben. Es tut gut, es dann und wann für sein „Schlampen-Ego" zu praktizieren. Aber wenn du dich täglich bewusst ausrichtest und immer wieder fragst: „Was ist mir das Wichtigste?", findest du deine Lebensaufgabe, deinen Sinn und eine tiefe innere Zufriedenheit, und zwar immer wieder auf's Neue.

Ich persönlich bin überzeugt, dass jeder Einzelne von uns eine persönliche Bestimmung hat – ich nenne es Berufung. Ich glaube jedoch nicht daran, dass wir an einem einzigen, bestimmten Punkt ankommen sollen, wie auch immer er aussehen mag. Um diese Berufung zu finden, die wie eine Leitlinie durch dein Leben führt, musst du wissen, was dir wichtig ist, was für Talente du hast, welche Ziele du verwirklichen möchtest und was dein Herz sich ersehnt.

Es macht nicht viel Arbeit, dich im Alltag bewusst und achtsam durch den Tag zu bewegen. Du kannst jeden Tag von Neuem entscheiden, wie du dein Leben lebst und dich fühlst. Ja genau, es ist deine Entscheidung, das zu erleben, was du erleben möchtest.

„Wenn man in die falsche Richtung läuft, hat es keinen Zweck, das Tempo zu erhöhen."

(B. Breuel)

Vor allem falls du bemerkst, dass deine Verstimmung schon länger anhält oder gar Schlafstörungen und Antriebslosigkeit auftreten, ist dies wie ein Kompass in deiner Hand, der dir zeigt, dass du in die falsche Richtung läufst. Du folgst noch nicht deiner Berufung, die dich glücklich macht. Das Gehaltvolle, das Inhaltsreiche in deinem Leben ist dir abhandengekommen. Das heißt, du musst dich wieder auf Sinnsuche begeben, deine Berufung finden und diesem Weg folgen. So wirst du wieder glücklich werden.

Leben zeigt sich als Bewegung. Bewegung ist Entwicklung.

Du kannst deine eigene Stimmung als Orientierungshilfe einsetzen. Wenn du unglücklich oder unzufrieden bist, zeigt dir das auf, dass du nicht im Einklang bist mit dir und voller Liebe auf dem Weg deiner Berufung lebst. Vielleicht steckst du, ohne es zu bemerken, in einem Loch fest und bewegst dich nicht weiter. Ohne Bewegung gibt es keine Erfahrung – und der Erfahrung wegen sind wir auf die Welt gekommen.

Kannst du deiner Berufung folgen, so kannst du als Wesen in all deiner Farbigkeit gedeihen und dich entfalten. Deine Begabungen und Talente, mit denen du geboren wurdest, befähigen dich, entsprechend deiner Berufung zu handeln und zu leben. Deiner Berufung zu folgen, ist das, was deinem Wesen entspricht, dich authentisch macht und deshalb auch glücklich stimmt.

Wenn ich am Morgen in den Zug steige, wie vielen lachenden und fröhlichen Gesichtern begegne ich? Du kannst raten, ich kann sie an einer Hand abzählen. Die meisten Menschen sind heute unglücklich im Job. Es fehlt ihnen der Sinn, die Freude und die Erfüllung. An erster Stelle stehen Leistung und Profit. Das Rad dreht sich immer schneller, und du hast fast keine Möglichkeit, dich im Job als Mensch, der du bist, noch einzubringen. Du presst dich wie eine Figur in ein enges Korsett und wartest am Montag bereits auf Freitag, auf den nächsten Urlaub und auf die Pension.

Ich habe es selber erlebt, am Montag ging ich in die Höhle der Löwen, folgte den ganzen Tag einem einzigen Dompteur, befolgte ohne jegliche Anerkennung die Befehle, und der einzige Lichtblick war der Auslauf aus dem Käfig an den Wochenenden, die ich die Woche hindurch heiß herbeisehnte.

Nebst deinen angeborenen Fähigkeiten zeigen dir auch deine dazugelernten Kompetenzen und deine persönliche Einstellung dein Potential auf, anhand dessen du deine Entwicklungsziele definieren kannst. In vielen Fällen ist die Berufung tatsächlich der Ruf nach einem Beruf. Es kann aber genauso gut sein, dass du einer bestimmten Lebensführung im privaten Bereich folgen sollst – wo du lebst, mit welchen Hobbys und Interessen du dich privat beschäftigst und welche Menschen du in dein Leben lässt.

Solange du der eigenen Vorsehung folgst, merkst du, dass du als Wesen authentisch bist, alles rund läuft und der Erfolg vorprogrammiert ist.

Warum gibt es diese Berufung eines jeden Menschen tatsächlich? Und warum wollen wir uns ihr entsprechend entwickeln? Und wie finden wir überhaupt heraus, was unsere Berufung ist?

Evolution – alles bewegt sich

Ganz egal ob du an den Urknall glaubst oder daran, dass eine höhere Macht, eine Gottheit die Menschen, Tiere und Pflanzen erschaffen hat. Unabhängig von diesen Überzeugungen gibt es die Darwinsche Evolutionstheorie, die auf der Theorie der Anpassung durch Mutation und Selektion basiert. Diese Evolutionsgeschichte ist zum Großteil belegt und nachweisbar. Vom Australopithecus bis zum Neuzeitmensch, von Jägern und Sammlern zu Ackerbau und Viehzucht bis in die Gegenwart.

Evolution leitet sich von dem lateinischen Wort evolvere ab, das Entwicklung bedeutet. Die Evolution bewegt sich immer weiter und wir sind ein Teil von ihr. Sie ist nicht determiniert, nicht auf ein Endziel oder Endzweck gerichtet. Das heißt, Evolution ist unendlich, und auch wir entwickeln uns ständig weiter. Unser Leben dreht sich um diese Entwicklung der Menschheit und das Sammeln von Erfahrungen, die der persönlichen Weiterentwicklung dienen.

Nun sind wir schon lange in der modernen Neuzeit angekommen. In der Folge der industriellen Revolution wurden von Max Planck und Albert Einstein die Quantentheorien entdeckt, die viele moderne technologische Erfindungen von heute überhaupt möglich machten. Durch die Entdeckung von Lichtquanten, Atomen und Elektronen konnte Masse neu definiert werden. Sie zeigten auf, dass die gesamte Materie aus Bauteilen wie Atomen, Elektronen und Neutronen und schlussendlich den kleinsten Bauteilchen, den Quanten, besteht und das ganze Universum sich aus diesen sich bewegenden Teilchen zusammensetzt.

Erfindungen vom Radio bis zum Fernseher und Computer oder vom Laserstrahl bis zum CD-Player zeigen, wie wichtig es ist, sich mit den kleinsten Bausteinen unserer Welt und deren Gesetzen zu beschäftigen.

Ohne Physiker wie Einstein und Planck wäre unsere moderne Welt nicht so geworden, wie sie ist. Kein Internet, keine Handys, keine Nuklearmedizin. Andererseits würde es auch keine Atombomben und keine Reaktorkatastrophen geben.

Die technologische Entwicklung, wie wir sie kennen, ist im Grunde genommen nichts anderes als die Fortsetzung der Evolution auf nicht-biologischer Basis. Ein Evolutionsprozess besteht, einfach formuliert, aus einer schrittweisen Verbesserung von Objekten und Dingen.

In diesem Prozess entwickelt sich die Technologie rapide und immer schneller weiter. Alles beruht auf steter Bewegung. Selbst auf einem so abstrakten Gebiet wie der Welt unserer Gedanken findet stete Bewegung statt. Der Mensch kann in der Tat nicht aufhören zu denken oder etwas zu wollen. Immer und ohne Unterbrechung wünschen, überlegen, denken und erstreben wir Dinge und Sachen, welche uns neue Erlebnisse fühlen lassen und uns zu weiteren Handlungen (und wieder neuen Gedanken) veranlassen.

„Stillstand ist Rückgang" sagt ein Sprichwort. Fließendes Wasser wird immer erneuert und bleibt gesund, stehendes Wasser wird trübe und zu einer Brutstätte für Bakterien. Alles, was existiert, ist also von einem Naturgesetz bestimmt, das ich das „Gesetz der Bewegung" nenne. Diese dauernde Bewegung bringt eine kontinuierliche Veränderung des Äußeren und auch des Inneren mit sich.

Es gibt noch weitere Naturgesetze, die du bestimmt kennst. Das Gesetz der Schwerkraft zum Beispiel, welches bewirkt, dass du dein Bett heute Abend wieder dort vorfindest, wo es auch gestern schon stand. Oder das Gesetz der Aerodynamik, welches Flugreisen möglich macht, oder das Gesetz der Verdrängung, welches Schiffen ermöglicht zu schwimmen, obwohl sie schwerer als Wasser sind. Im späteren Verlauf von „Das Herz hat seinen eigenen Kopf" befassen wir uns noch mit weiteren Naturgesetzen: dem Gesetz der Anziehung, dem Gesetz von Ursache und Wirkung und dem Gesetz der Dankbarkeit – nun aber zurück zum Gesetz der Bewegung.

Es ist die stetige Bewegung im Prozess des Lebens, die uns zu dem gemacht hat, was wir heute sind. Komplexe Organismen, die im Stande sind, komplexe Sachverhalte zu erforschen und zu durchbrechen.

Wir können uns durch die Evolution enorme Vorteile und ein immer angenehmeres Leben verschaffen. Unser biologischer Körper ist zwar nicht in der Lage, mit derselben Geschwindigkeit an Intelligenz zuzulegen wie die technische Entwicklung selbst. Aber mit Hilfe von nicht-biologischen Hilfsmitteln können wir den evolutionären Prozess rasch fortsetzen.

Jede technologische Verbesserung führt dazu, dass der nächste technologische Fortschritt noch schneller erreicht wird.

Ich habe ein paar Beispiele für dich: In einer vielleicht hypothetischen, aber wahrscheinlichen Zukunft wird das komplett autonome Autofahren möglich sein und Drohnen werden als Personenbeförderungsmittel dienen. Die Post wird uns vom Roboter gebracht werden und die Software vom Handy wirst du direkt auf deiner Iris implementieren können, so dass du bei jedem Augenaufschlag die neuesten Push-Nachrichten lesen kannst. Durch Implantat-Mikrokopfhörer im Ohr und einem winzigen Mikrofon in den Nasenhöhlen eingebettet, wirst du in der Lage sein, Telefongespräche ohne Fingerwisch zu führen. Das Handy wird dann nicht mehr Handy, sondern einfach Talky heißen.

Wir werden noch mehr als jetzt jederzeit und überall mit allem vernetzt und in real time informiert sein. Das Skelett, für deinen eigenen Hybrid-Hausroboter, kannst du einfach mit dem 3D-Drucker printen. Dabei kannst du wählen, ob du ein männliches oder weibliches Skelett ausdrucken möchtest. Als Hybrid zwischen Robotik und Lebewesen kannst du ihm Muskeln wachsen lassen und alle Aufgaben rund ums Haus beibringen, die er erledigen soll.

Vielleicht kannst du dir das noch nicht vorstellen, aber du konntest dir ja vor ein paar Jahren auch nicht vorstellen, dass du mal mit Blumen Autofahren, das Wasser mit der Sonne heizen, dir von einem Roboter den Rasen mähen lassen und mit deiner Uhr telefonieren kannst, nicht wahr?

Du siehst, das Gesetz der Bewegung ist ein Naturgesetz, das sagt, dass wir uns stetig weiterentwickeln, und zwar jedes einzelne Individuum. Schau dir die Kinder an: Jedes Kind lernt aus eigenem Antrieb laufen. Du musst es nicht dazu auffordern oder gar zwingen. Jedes Kind lernt sprechen, du musst es ihm nicht befehlen.

Es ist der eigene Trieb, Entwicklungsschritte zu gehen und immer wieder neue Messlatten zu platzieren, die du erreichen willst, der uns mit in die Wiege gelegt wurde. Dies bleibt auch in späteren Jahren so.

Immer dann, wenn du dich nicht auf deinem Weg deiner Berufung befindest, wirst du unglücklich und übellaunisch. Deine Seele meldet sich so und sagt dir, dass es noch etwas anderes für dich in deinem Leben gibt.

Natürlich spielt sich dies in deinem Unterbewusstsein ab. Deshalb weißt du oft gar nicht, was eigentlich mit dir los ist, und bringst deine Unzufriedenheit nicht in Verbindung mit der Möglichkeit, dass du auf dem Holzweg sein könntest und einen anderen Weg brauchst, der dich zu deiner Bestimmung führt.

> *„Das eigene Wesen völlig zur Entfaltung zu bringen, das ist unsere Bestimmung."*
>
> (Oscar Wilde)

Viele Menschen sehen die Schuld in solchen Situationen bei anderen, die ihnen vermeintlich bestimmte Lebenssituationen aufzwingen. Wenn du die Schuld im Außen suchst, dann musst du bei dir selber nicht genauer hinsehen. Das scheint einfach und bequem zu sein. Du sagst, wenn der Partner sich ändert oder der Chef endlich die Arbeit wertschätzt, oder sich dies und das ändert, dann kann ich auch wieder glücklich sein.

Damit machst du dein Befinden von den anderen abhängig, und schlimmer noch du machst sie dafür verantwortlich, wie es dir geht. Du kennst das sicherlich auch, diese zermürbenden Gespräche mit deinem Partner, in denen der eine dem anderen die Schuld zuschiebt, und du das Gefühl hast, wenn er oder sie die Dinge doch einfach so machen würde, wie du es als richtig oder gut befindest, dann wäre die Welt in Ordnung.

Aber nicht die Umwelt muss sich ändern. Sondern du veränderst die Umwelt, indem du bewusst zu deinem eigenverantwortlichen Denken und Handeln „Ja" sagst.

Ich meine damit nicht, dass deine bessere Hälfte, dein Geschäftspartner oder andere Menschen dich unpassend und unkorrekt behandeln dürfen und du die „Fehler" dafür auch noch bei dir suchen sollst.

Ich meine, dass auch, wenn du das Gefühl hast, dass nur der andere an der Situation etwas ändern muss, damit sie für dich stimmt, du mit Sicherheit selber etwas tun kannst, um sie zu verbessern.

Indem du herausfindest, was für dich gut ist, woran du Freude hast und was deine Gaben und Talente sind, wirst du danach handeln. So übernimmst du die Verantwortung für dein Leben und folgst automatisch deiner Berufung, egal was die Außenwelt dazu meint.

Die Dinge selbst in die Hand zu nehmen, authentisch zu sein, deine Ecken und Kanten zu zeigen und vor allem den Mut zu haben, anders sein zu dürfen, ist der erste Schritt für ein glückliches und erfolgreiches Leben. Glückliche Menschen glauben daran, Einfluss auf ihr Leben zu haben und an jeder Situation etwas ändern zu können.

Einige Menschen haben noch nicht erkannt, dass sie selber der Autor ihrer eigenen Lebensgeschichte und Gestalter ihres Berufslebens sind. Wie verbringst du deine kostbare Lebenszeit?

Übung: Talente und Berufung finden

Kennst du deine Talente und die Berufung, mit der du authentisch und erfüllt leben kannst, schon, oder noch nicht?

Dann frage dich z. B., was du immer wieder gerne machst und mit großer Leichtigkeit ausführst. Was hast du schon als Kind immer gerne getan? Und was würden andere über dich sagen, wenn sie deine positiven Charaktereigenschaften beschreiben? Was möchte ich dieser Welt von mir mal hinterlassen?

Schreibe alles auf. Ich stelle dir auf meiner Internetseite auch ein Arbeitsblatt zur Verfügung, das du downloaden kannst. Du wirst sehen, dass sich manche Dinge bei deinen Antworten wiederholen. Das ist genau richtig so, denn das sind deine Talente und dein roter Faden, der sich durch dein Leben zieht. Daraus kannst du deine Berufung ableiten.

Nach deiner eigenen Berufung zu leben, sobald du sie gefunden hast, ist eine bewusste Entscheidung. Vielleicht fällt dir diese Entscheidung nicht so leicht, weil du denkst, dass du sie in der Lebenssituation, in der du dich befindest, nicht umsetzen kannst. Viele Menschen beenden die Reise zu ihrer Berufung genau an diesem Punkt. Sie spähen durch ein Loch im Zaun und sehen deutlich, das Leben, das sie gerne haben möchten. Aber aus allen möglichen Gründen öffnen sie das Tor nicht und gehen nicht auf dieses Leben zu.

Stell dir vor, der im Job gepeinigte Familienvater hegt insgeheim den Traum, sich eines Tages selbstständig zu machen. Er weiß auch womit. Er fotografiert für sein Leben gerne und tut das auch hin und wieder für kleines Entgelt. Und obwohl er beim Fotografieren die

Welt total vergisst und gerne Tag und Nacht hinter dem Objektiv verbringen würde, denkt er sich: „Damit würde ich nicht genug Geld verdienen." Er sagt sich: „Ich kann ja nicht von einem Hobby leben, schließlich habe ich eine Familie mit zwei Kindern durchzufüttern und kann es mir nicht leisten, weniger oder gar kein Geld zu verdienen." Mit dieser selbsterfüllenden Prophezeiung ist das Projekt dann auch bis zu der Zeit vertagt, wenn er dann sowieso denkt, er sei zu alt, um noch etwas Neues anzufangen. Er verbringt mit dieser falschen Logik seine kostbare Lebenszeit in einem Job, der ihm weder Spaß macht noch Erfüllung bringt.

Würde er sich aber fragen: „Was muss ich tun, damit es funktioniert, mich selbstständig zu machen und dabei genug Geld zu verdienen?", würde sich seine Denkweise und somit seine Haltung bereits ändern. Indem er sich diese Frage stellt, würde er automatisch nicht mehr mit den Scheuklappen durchs Leben gehen, sondern plötzlich Hinweise wahrnehmen, wie zufällig Menschen begegnen, die genau das Gleiche tun. Möglichkeiten zur Zusammenarbeit oder Partnerschaften, die er vorher nie in Betracht gezogen hätte, fallen urplötzlich vom Himmel.

> „Du kannst dem Leben nicht mehr Tage geben – aber dem Tag mehr Leben."
>
> (Sprichwort)

Kommen wir zurück zur Entscheidung, deine Berufung zu leben und deinem Lebensplan zu folgen. Auch wenn du wie der Familienvater oben deinen Lebensplan und deine Berufung noch vertagst oder gar leugnest, spürst du vielleicht trotzdem eine feine aber klare Stoßrichtung, die dich immer wieder Richtung Berufung schiebt.

Das kommt daher, dass dein Lebensziel auch deine geistige Entwicklung, für die du auf die Welt gekommen bist, beinhaltet. Du bist hier, um zu lernen, zu verstehen, Freude zu haben und um zu geben. Talente und Begabungen sind ein Geschenk, das du bei deiner Geburt mitbekommen hast, und was macht mehr Spaß als Geschenke zu teilen und einen Nutzen für dich und die Welt zu generieren? Daran wirst du immer wieder sacht erinnert.

Die Entscheidung, zu ihrer Berufung zu stehen und authentisch zu leben, fällen Menschen zu unterschiedlichen Zeiten. Manche tun es bereits als Kind, andere erst später und manche nie.

Unser Lebensplan setzt keine engen Leitplanken. Getreu dem Motto „Viele Wege führen nach Rom" kannst du wählen, auf welchem Pfad du gehst. Je länger und weiter du dich allerdings von deinem Lebensplan entfernst, desto dramatischer kann der Schicksalsschlag werden, der dich ermahnt, den Weg zu deiner Berufung wiederaufzunehmen.

Wenn du denkst, dass du deinen Talenten und deiner Berufung nicht von heute auf morgen folgen kannst, dann widme diesen Tätigkeiten wenigstens jeden Tag etwas Zeit und suche Gelegenheiten, dich zu diesen Themen weiterzuentwickeln und zu lernen. So öffnest du Tore und fokussierst in die richtige Richtung.

Durch die Verbindung mit der inneren Guidance, eine Art innerer Kompass, werden dir immer wieder greifbare Möglichkeiten und Chancen aufgezeigt, die du nur zu nutzen brauchst. Vielfach aber lassen wir sie ungenutzt verstreichen, weil wir mit Scheuklappen durch die Welt marschieren und nicht achtsam genug sind. Irgendwann werden uns die Dinge dann mit mehr Nachdruck dargelegt.

So ist es mir an einem wunderschönen Morgen im Mai 1993 passiert, als ich zur Arbeit fuhr.

Die Sonne schien flach und intensiv über dem Horizont. Es war ungewöhnlich warm und der stahlblaue Himmel versprach einen sonnigen Tag. Mein Kofferraum war voller Geschäftspakete, die ich am Vorabend mitgenommen hatte, als ich spät abends die Firma verließ.

Ich musste mich beeilen, wenn ich die Pakete noch am Postschalter aufgeben und rechtzeitig zur Sitzung erscheinen wollte. „Ich hätte heute besser meine bequemen Turnschuhe angezogen", dachte ich mir, „dann könnte ich mindestens noch dreißig Sekunden einsparen, indem ich zwei Treppenstufen auf einmal zum Büro emporschnelle."

Noch im Auto, sah ich mich vor dem geistigen Auge bereits die Jacke auf den Bürostuhl schmeißen, den Notizblock und den Stift im Vorbeifliegen packend zum Sitzungszimmer stürmen.

Plötzlich blitzte es vor mir auf, ein grelles Licht, eine weiße Wand und dann ... Totenstille. Als ich zu mir kam, realisierte ich langsam, dass ich mit voller Wucht in den entgegenkommenden Lieferwagen geknallt war – frontal und ungebremst.

In den drauffolgenden Wochen habe ich mir im Spital, als ich wie ein Gefangener am Marterpfahl ans Bett gefesselt war, immer wieder die zermürbende Frage gestellt: „Warum ist das gerade mir passiert?"

Ich fühlte mich als Opfer des Schicksals und habe viele mögliche Ursachen und Erklärungen gesucht und gefunden. Ich war doch ganz normal wie jeden Tag zur Arbeit gefahren. Die tiefstehende Sonne war schuld gewesen, das Auto hatte einen Bremsdefekt gehabt oder ein Fehler an der Lenkgeometrie hatte mein Fahrzeug zum Schleudern gebracht …

Auf jeden Fall traf mich sicherlich keine Schuld, das war mir klar. Okay, die Polizei sagte, es habe zwanzig Meter lange Schleuderspuren ohne jeglichen Bremsspuren gegeben. Das hieß also, ich war zwar offensichtlich die Straße entlang geschleudert, hatte aber kein einziges Mal gebremst. Aber wie hätte ich bremsen sollen, wenn die Bremse möglicherweise nicht mehr ging?

Das Schlimme war, dass ich keine wirklichen Erinnerungen an den Unfallhergang hatte. Verständlich also, dass ich wissen wollte, wie es überhaupt dazu gekommen war, und ich mir ganz viele mögliche und logischen Varianten überlegte, die mich allesamt entlasteten.

Doch indem ich die ganze Schuld von mir schob, schob ich auch die Möglichkeit beiseite, dass mir der Unfall womöglich aus einem bestimmten Grund passiert war und mir das Leben damit etwas mitteilen wollte.

Ich hatte den Unfall eher dem Zufall zugeordnet. Denn ich hatte sicher nichts zum Unfallereignis beigetragen, außer dass ich eben zur falschen Zeit auf der falschen Straße gefahren war. Doch indem ich die Verantwortung für das Geschehene jemand anderem zuwies, und sei es nur diesem „Schicksal", begab ich mich selbst in die Opferrolle.

So startete ich einen Teufelskreis. Ich lief einfach weiter im Kreis und hoffte, dass sich irgendwann schon alles von selbst wieder einrenken würde.

Aber im Normalfall passiert eben genau das nicht. So lange ich die Ursachen nicht selbst verstehe und ich mir bewusst bin, dass nur ich alleine die Verantwortung trage, egal in welcher Situation ich mich befinde, so lange ist die Wahrscheinlichkeit groß, dass ich mich von einem Missgeschick zum anderen verfolgt fühle und mich in einer Pechsträhne verfange, die mir auch der allerbeste Coiffeur nicht umfärben kann.

So warf mich das Schicksal dann auch komplett zurück, als ich nach meinem vermeintlichen Genesungsprozess endlich wieder zu arbeiten begann und mein „altes" Leben sich wieder einzuspielen schien.

Es war, als ob das Schicksal nicht nur über mich wachte, sondern auch darüber entschied, ob ich meine Lebenslektion gelernt habe. Es war, als ob jemand sagte: „Nichts da. Du hast noch nicht das über dein Leben gelernt, was du lernen solltest, und deshalb geht es nochmal von vorne los."

Zumindest fast von vorne. Ein nochmaliger Auto-Unfall blieb mir wenigstens erspart, aber die Folgen des erneuten doppelten Bruchs meines Oberschenkels, der sich mit samt der eingebauten Metallplatte entzweite, veränderte mein Leben so nachhaltig, dass daraus schlussendlich dieses Buch entstand.

Mein Körper und meine Psyche begannen nämlich komplett verrücktzuspielen. Wie sich das auswirkte und wie ich dem Rätsel auf den Grund kam, erzähle ich dir in den folgenden Kapiteln.

Erstmal zurück zu den kleinen und größeren, meist gutgemeinten Schicksalsschlägen, die wir allzu oft aus mangelnder Achtsamkeit als Wegweiser ignorieren. Wir tun das, weil es bequem scheint, in unserer Komfortzone zu verweilen und die Augen zu schließen.

Mit einer Portion Achtsamkeit und Fähigkeit zur Selbstkritik, den eignen Lebensweg, die eigene Situation, in der du steckst, hin und wieder auch kritisch zu beäugen (egal ob es dir gefällt oder nicht) und – wenn nötig – auch mal eine Sackgasse zu erkennen, lässt positive Veränderungsprozesse erst zu.

Dabei ist es ganz wichtig zu wissen, dass du niemals die anderen ändern kannst oder „die Welt". Du kannst ausschließlich dich selbst ändern. Du hast nur Macht über dich selbst und änderst du dich, ändert sich automatisch auch dein Umfeld.

Derjenige, der stets der Meinung ist, die anderen seien im Unrecht und er wüsste schon, wie er was zu tun hat, wird immer der bleiben, der er schon ist.

Sicherlich kennst du zahlreiche Beispiele aus deinem Freundeskreis (die eigenen Beispiele sieht man meistens nicht auf Anhieb), in denen für dich als Außenstehender klar ist, dass eine Veränderung angezeigt wäre, und derjenige sich trotzdem weiter im Hamsterrad dreht, anstatt einem neuen Weg zu folgen, und sogar bei Chancen (die nichts anderes als ein gutmeinendes Schicksal sind), die ihm vor die Füße gelegt werden, einfach nicht zugreift. Weshalb verhalten sich Menschen so?

Da ist zum Beispiel, meine Freundin, ich nenne sie Claudia, die sich tagtäglich von ihrem Chef schikanieren lässt und sich andauernd darüber beklagt, wie unmöglich und energieraubend es sei, in so einem Umfeld zu arbeiten. Als wäre es nicht genug, habe er ihr jetzt auch noch verboten, das Handy mit zur Arbeit zu nehmen. Innerlich hat sie schon lange gekündigt, aber irgendwie ringt sie sich nicht durch, die Zeitung aufzuschlagen und einen neuen Job zu suchen.

Sie ist zwar so unzufrieden, dass sie ihr Umfeld täglich damit belastet und mit ihren ständigen Nörgeleien über ihren Chef ihren Mitmenschen auf die Nerven geht. Trotz ihrer Unzufriedenheit verändert sie nichts. Denn sie sagt sich: „Wenn ich schon die Stelle wechsle, dann möchte ich mich eh gleich selbstständig machen, und schließlich ist der Job, den ich jetzt habe, gar nicht so schlecht bezahlt." Also bleibt sie sitzen, wo sie ist.

Das geht Monate so weiter, bis plötzlich eine frühere Arbeitskollegin erzählt, dass ein Bekannter von ihr gerade eine neue Filiale aufgemacht hat und in genau ihrem Fachgebiet jemanden mit Verkaufsleitererfahrung sucht.

Ist diese Nachricht ihrer Arbeitskollegin Zufall oder eine glückliche Schicksalswendung? Offensichtlich wird ihr vom Universum in genau diesem Moment eine Job-Möglichkeit direkt vor die Füße gelegt.

Nun braucht sie die Chance nur noch zu packen und sich für den Job zu bewerben, obwohl sie sich ja lieber selbstständig machen wollte. Das kann sie später immer noch tun oder vielleicht bietet ihr die neue Jobaussicht, viele neue Einblicke und Erfahrungen, die einer späteren selbstständigen Unternehmung nur zu Gute kommen.

Was denkst du, wird passieren, wenn sie diese Gelegenheit vorbeizie-hen lässt? Sie verpasst die Chance aus dem Rad der Unzufriedenheit in eine Perspektive mit vielen neuen Möglichkeiten zu persönlichem Wachstum zu wechseln.

Viele Menschen stagnieren in der Unzufriedenheit, teils auch weil sie nicht den Mut haben, aus ihrem gemütlichen Nest zu kriechen und zu handeln. Dafür erklären sie ihre schlechten Erfahrungen zum Lebensumstand. „Ich habe immer Pech, während die anderen stän-dig Glück haben" ist ein Satz, der ihnen seufzend über die Lippen kommt. Sie warten ständig, bis der Glückszug vorbeifährt und bei ih-nen haltmacht. Wenn er dann tatsächlich kommt, jammern sie weiter und reklamieren lautstark, dass der Zug vermeintlich in eine andere Richtung als die gewünschte fährt, zu früh oder zu spät angekommen ist.

Chancen sind da, um sie anzuerkennen und zu nutzen. Nicht morgen oder übermorgen, sondern jetzt. Menschen, die das Glück verinner-licht haben, sind knallharte Realisten. Sie tun bestimmte Dinge, um sich die besten Erfolgschancen zu erschließen. Genau diese Fähigkeit unterscheidet sie von den Menschen, die scheinbar mehr vom Glück beseelt sind als andere. Denn:

Glück ist eine Fähigkeit, Chancen zu ergreifen, wenn Sie da sind.

Kapitel 2
Glück – eine persönliche Entscheidung

Glück ist eine innere Einstellung und für jeden vorhanden

Ich verstehe Glück als menschlichen Entwicklungsprozess. Glück bedeutet, immer schön in Bewegung zu bleiben. Stetig streben wir nach Neuem und einem weiteren Stückchen Glück. Haben wir es erreicht, peilen wir das nächste Objekt oder das nächste Glücksgefühl an. Immer weiter, immer mehr.

Aber ist es denn nötig, immer weiter Ausschau nach etwas noch Besserem im Leben zu halten? Können wir nicht innehalten, stehen bleiben und genießen?

Natürlich können wir das. Und ich bin überzeugt, dass es zum höheren Sinn unseres Daseins gehört, uns nach Glück und Wohlstand auszurichten. Denn, wenn wir glücklich sind, geht es uns gut und wenn es uns gut geht, können wir uns sorglos weiterentwickeln.

Glück und Erfolg sind Güter, die jedem einzelnen Menschen zustehen. Glücklich sein ist nicht angeboren oder vererbt. Du musst schon auch etwas dafür tun, dich am Entwicklungsprozess bewusst und aktiv beteiligen, die Kunst üben, das Glück zu erkennen, wenn es da ist und auch bereit sein, es anzunehmen.

Als Zutaten für ein glückliches Leben werden meistens in erster Linie Gesundheit, Geld, Familien- und Liebesleben, Freunde und Verwandte, Freizeit, soziale Sicherheit, Erfolg und Selbstverwirklichung angegeben. Woher kommt das?

Sehr weit oben auf der Leiter ist oft Geld zu finden, das als zentraler Bestandteil des Glücklichseins angesehen wird. Ich kann das nachvollziehen, denn ich betrachte Geld als Mittel zu unserem höheren Wohl. Arm zu sein zeugt nicht von einer „höheren" Entwicklungsebene, denn oft brauchen wir Geld als Mittel, um unsere Lebensaufgaben verwirklichen zu können.

Viele Menschen „verdinglichen" jedoch die Welt und definieren sich als Person über Dinge und materiellen Status. Wir sind geistige Wesen mit einem materiellen Körper. Unser Körper will keinen Status, und als geistige Wesen finden wir keine dauerhafte Befriedigung in materiellen Dingen.

Dinge sind Hilfsmittel, um in uns Bewusstseinszustände, wie dankbar und glücklich zu sein, herbeizuführen. Als solche sollten wir sie auf der Suche nach Glückseligkeit und Harmonie erkennen und anerkennen.

Wenn du ein schönes Boot hast, ist es nicht das Boot als Sache, sondern die Eigenschaften, die dir das Boot vermittelt, die du genießt. Das Freiheitsgefühl, die Natur, die Ruhe auf dem See befriedigen deine Seele. Ein luxuriöses Auto bietet dir Komfort und Gemütlichkeit auf langen Fahrten. Eine starke Soundanlage beflügelt deinen Musikgenuss. Ein Hobby wie das Segelfliegen beschert dir himmlische Ruhe und eine andere Perspektive auf die Welt.

Du kannst dich mit diesen Dingen überschütten, sie sind und bleiben nur Hilfsmittel, um dir zu Bewusstseinszuständen zu verhelfen, die dir Erfahrungen ermöglichen, die dich im Leben reifen lassen. Es sind deine Werte, die diese Dinge verkörpern.

Sobald du das verstanden hast, ist es auch nicht weiter schlimm, wenn dir eines der Güter wieder abhandenkommt, weil du die Erfahrung bereits gesammelt hast. Denn du weißt, es sind nicht die Dinge, die dich glücklich machen. Sie verhelfen dir nur, Bewusstseinszustände wie Freude, Lust, Freiheit, Ruhe, Zufriedenheit, Geborgenheit, Vorfreude, Verliebtheit, Unabhängigkeit und viele mehr zu erfahren und zu genießen. Darum geht es im Leben. Menschen wollen möglichst viele unterschiedliche bereichernde Gefühle erleben, die ihren Werten entsprechen.

Kennst du deine Werte?

Halte kurz inne, mach die Augen zu und stell dir vor, du hast alles, was du brauchst in deinem Leben, fühlst dich rundum glücklich, geliebt und geborgen, du bist frei und lebst in Fülle und voller Zufriedenheit.

Brauchst du in diesem Gefühlszustand wirklich all diese Dinge, die manchmal so wichtig scheinen?

Ich bin der Meinung, Luxus zu haben ist schön und nichts Falsches an sich. Ein gewisser Luxus bereichert den Erfahrungs- und Erlebnisschatz auf emotionaler Ebene – solange keine künstlichen Wünsche dahinterstecken. Du sammelst diesen Erfahrungsschatz, um dich und dein Sein zu deinem eigenen und zum Wohle anderer Menschen zu entwickeln.

Es sind also die kleinen wiederkehrenden Aneinanderreihungen verschiedener Glücksgefühle, die dich langfristig glücklich machen. Die materiellen Dinge, die du erreichen kannst, helfen dir nur immer wieder neue Gefühlsmomente zu erfahren.

Das müssen nicht die kostspieligsten Dinge sein, sondern können auch Kleinigkeiten sein, die du dir leistest, weil du merkst, dass du tief im Innern den Wunsch hast, dies einfach zu tun. Wie z. B. ein Gleitschirmflug, das Erlernen eines Musikinstrumentes, ein Haustier, für das du sorgst, oder das Schreiben eines Buches.

Manchmal werden uns aber Dinge, die wir scheinbar haben wollen, auch von außen suggeriert und verhelfen uns in keiner Weise, den Sinn unserer Lebensexistenz zu erfüllen. Wir denken nur, dass wir erst 1000 Dinge brauchen, um dann irgendwann glücklich sein zu können.

Weisheiten eines Stachelrochens

Eine der wichtigsten Lebenslehren habe ich von einem Stachelrochen in der Karibik gelernt.

Während eines Urlaubs auf Culebra verbrachte ich mit einem Freund, der – noch mehr als ich – an den körperlichen Folgen eines schweren Unfalles litt, einen meiner lehrreichsten und schönsten Urlaubstage.

Culebra ist eine kleine Insel in der Karibik zwischen Puerto Rico und den Jungferninseln. Auf dieser Insel gibt es einige wenige Bewohner und einen kleinen Flughafen. Culebra ist mit zwei der schönsten Stränden der Karibik ausgestattet. Deshalb nutzen Amerikaner die Insel gerne als Urlaubsort.

Die atemberaubende Vegetation und Natur auf der Insel war spektakulär, aber wir konnten nicht überall hin, da Teile der Insel dem Militär unterstanden oder als Naturschutzgebiet nicht betretbar waren.

Wir beschlossen, uns einer Tauchgruppe anzuschließen und einen Tauchkurs, den PADI OpenWater Diver, zu belegen. Das Wasser war unser Freund, da wir uns darin frei und schwerelos bewegen konnten, ohne unsere havarierten Knochen und Muskeln zu überlasten. Vor allem Henry, so hieß mein Freund, hatte Mühe mit dem längeren Gehen und verbrachte die Tage sowieso am liebsten bei den Fischen.

An einem Tag fuhren wir mit dem Boot einige Kilometer weiter hinaus zu einem Riff. Wir tauchten in eine atemberaubend bunte Welt ab, die ich mir zuvor nicht mal in meiner Phantasie hätte ausmalen können. Tausende von Fischen in allen erdenklichen Farben, von Neongelb bis zu leuchtendem Blau, schwammen an mir vorbei. Als ich nach den anderen Tauchern Ausschau hielt, entdeckte ich schräg unter mir plötzlich einen riesigen Stachelrochen. Ich erschrak, weil ich den Rochen vorher überhaupt nicht gesehen hatte und diese eleganten Tiere ja nicht ganz ungefährlich sind. Seine Spannbreite betrug sicherlich 120 cm, und mit seinen anmutigen Bewegungen sah er aus wie ein fliegender Teppich.

Ich beobachtete ihn eine Weile, und schließlich schwebte er nahe an die Wasseroberfläche empor. Ich war von diesem sonderbaren Fisch fasziniert und folgte ihm. Er schien überhaupt nicht scheu, und obwohl es aussah, als ob er sich kaum bewegte, konnte ich kaum mit ihm mithalten. Er entfernte sich immer weiter von mir, und als ich erkannte, dass alles Hinterherpaddeln nicht half, ließ ich mich treiben.

Nach ein paar Minuten kam der Stachelrochen wieder in meine Richtung, und ich richtete erneut meine Aufmerksamkeit dem außergewöhnlichen Riesen mit seinen Kulleraugen zu. Nach einer Weile verstand ich, dass er seine Bewegungen dem Wasser anpasste.

Er kämpfte nie gegen die Wellen und verstand es, die Strömung zu seinem Vorteil auszunützen und den Flossenschlag optimal, dem Wasser angepasst, einzusetzen, damit er möglichst ohne Kraftaufwand vorwärtsglitt. Ich merkte, wie ich mich dagegen abstrampelte und trotz meiner Flossen nicht so schnell vorwärtskam wie der Rochen. Ich war erschöpft, schwamm immer weniger effektiv und verbrauchte zudem viel zu viel Sauerstoff.

In diesem Moment vermittelte mir der Rochen eine wichtige Lebenslehre. Wenn ich mir das Ziel setze, das zu tun, was meinen Talenten und meinen Werten entspricht, muss ich mich nicht abstrampeln. Ich muss mir nur überlegen, was ich tun möchte und was meinem Wesen entspricht. Denn, wenn ich tue, was meinem Wesen entspricht, kann ich mit möglichst wenig Kraftaufwand und viel Leichtigkeit mein Tun genießen und gleichzeitig vorwärtskommen. Wenn ich nicht darauf ausgerichtet bin, das zu tun, was ich tun möchte, verschwende ich Zeit, Kraft und Energie mit Dingen, die meinem Lebenszweck nicht entsprechen.

Wenn sich dann die Gelegenheit bietet, das zu tun, was ich tun möchte, habe ich möglicherweise nicht mehr die Kraft dazu.

Da heißt, wenn ich meinen Lebenssinn und meine Berufung kenne, und entsprechend meinem Wesen handle, erfahre ich das Glück jeden Tag. Ich muss nicht warten und ein glückliches Leben auf später verschieben. Denn die Gefahr besteht, dass dieses „später" dann doch nicht kommt. Glücklich sein ist also eine Entscheidung, die ich jeden Tag fälle.

In unserem Bungalow angekommen, war ich immer noch außer mir und „geflasht" von meinem Erlebnis. Ich fragte Henry: „Kennst du eigentlich deinen Lebenssinn und deine Berufung?"

Henry schaute mich fragend an. „Wie meinst du das?"

„Ich meine, ob du weißt, was du gerne tun möchtest, was deinem Wesen und deinen Herzenswünschen entspricht", fuhr ich fort.

„Hmm, nein, das habe ich mir so noch nie überlegt", gab er grübelnd zur Antwort. „Aber wahrscheinlich habe ich genau darum meinen Unfall gehabt. Jetzt habe ich ganz viel Zeit, das zu tun, was ich tun möchte." Er lachte ein wenig spöttisch und zog sich seine Socke an.

„Ja, wahrscheinlich ist da sogar etwas Wahres daran", murmelte ich. Eigentlich traurig, überlegte ich mir, wenn man erst mit einem Unfall aus dem Alltagsleben gerissen werden muss, um endlich das zu tun, was man tun möchte, und so die Zeit bekommt, sich mit den Dingen zu beschäftigen, die dem eigenen Lebenssinn entsprechen.

Ich überlegte mir weiter, womit ich denn täglich Zeit verschwendete, das mir keinen Nutzen bringt. Ich dachte dabei an meinen Briefkasten zu Hause und die vielen Rechnungen, die zu bezahlen sein würden, wenn ich nach Hause komme. Ja, okay. Rechnungen sind zwar lästig, aber einen Nutzen haben sie schon, zumindest der Gegenstand oder die Leistung, die ich zuvor erhalten habe.

Aber was war mit all der Werbung und den Boulevard-Blättern, die meinen Briefkasten überquellen ließen? Alles Informationen, die mir den Kopf zumüllen, ohne die ich gut auskommen konnte.

Ich nahm ein Blatt Papier und begann zu rechnen: Zwanzig Minuten jeden Tag verbrachte ich mit Zeitunglesen und damit, die Werbung durchzuschauen und zu entsorgen. Mindestens zehn weitere Minuten verbrachte ich damit, im Fernsehen die Nachrichten zu schauen, bei denen es meistens um das Schicksal anderer Menschen ging. So leidvoll die Meldungen auch sind, sie haben nichts mit meinem Leben zu tun, rauben mir aber wertvolle Energie, weil ich die Bilder als ungesunde negative Erinnerungen in meinem Hirn abspeichere.

Ich verbrachte also täglich mindestens dreißig Minuten mit Dingen, die nichts mit meiner Bestimmung zu tun haben. Im Gegenteil, die Werbung suggeriert mir Bedürfnisse, die niemals satt machen, und die Nachrichten, die zu über 90% mit negativen Schlagzeilen voll sind, verursachen in meinem Körper Stress. Ich verschwendete Zeit und Energie und verlor dadurch sogar Kraft, mich auf die Dinge zu fokussieren, die meinem Wesen entsprechen und mich im Leben weiterbringen.

Ich rechnete aus: An sechs Tagen der Woche erhielt ich Post. Die Nachrichten schaute ich auch am Sonntag an. Das ergab wöchentlich mehr als drei Stunden. Bei einer durchschnittlichen Lebenserwartung von 78 Jahren verschwendete ich also 156 Stunden im Jahr und das 60 Jahre lang (von meinem 18. Geburtstag gerechnet). Ich fuhr fort, wollte der schwindelerregenden Zahl, die da herauskam, kaum glauben und rechnete rasch noch mal nach. Über mein ganzes Leben würde ich mehr als ein ganzes Jahr verschwenden, nur um mich vermeintlich auf dem Laufenden zu halten. Wenn man bedenkt, dass die Nächte auch mit eingerechnet sind, in denen ich normalerweise schlief und keine Nachrichten oder Werbung las, kann man sagen, dass es das doppelte an Wachzeit, also sogar zwei Jahre sind, in denen ich mich mit Dingen beschäftigen würde, die mich eher krankmachen, als mir Glück und Freude und persönliche Entwicklung zu bringen.

Ich war erfüllt von dieser Erkenntnis und entschied, in Zukunft viel bewusster zu überlegen, wie viel ich herumpaddle und aus welchem Grund. In der Zwischenzeit sind einige Jahre vergangen und der Umgang mit Medien, Werbung und der allgemeinen Reizüberflutung ist mit der rasanten Entwicklung des Internets noch viel herausfordernder geworden.

Reizüberflutung und Sensorischer Stress

Heute haben wir durch Internet und Push-Nachrichten eine noch nie dagewesene Möglichkeit, laufend an Informationen zu kommen und auf aktuellstem Stand zu bleiben. Ich halte das persönlich für eine großartige Entwicklung, denn Wissen ist dadurch heute jedem zugänglich. Das Internet kann aber auch ein Fluch sein, wenn man als Nachrichten- und Konsum-Junkie darin unterzugehen droht.

Jeder einzelne von uns wird täglich mit negativen Nachrichten und Bildern überschwemmt, die wir im Fernsehen, in Filmen, Zeitschriften und Zeitungen sehen. Filmvorschauen mit Inhalten wie

Mord, Verrat und Betrug sollen uns ins Kino locken. Genau diese Bilder werden als Erinnerung nicht nur in unserem Gehirn abgespeichert und verursachen Stress und blockieren uns.

Ein guter Film hingegen kann für heilende, gesunde und positive Erinnerungen sorgen. Recherchen im Internet sind Gold wert, solange du sie positiv und gezielt filterst.

Ich selbst habe nach meinem Erlebnis in Culebra aufgehört, aktiv Nachrichten zu sehen, zu hören oder Zeitung zu lesen. Natürlich entziehe ich mich dem Weltgeschehen nicht vollkommen, aber ich wähle die Dinge, die ich lese und ansehe, sehr selektiv aus. Die wirklich wichtigen Dinge werden zudem automatisch an mich getragen. So verpasse ich nichts. Es reicht mir daher vollkommen, gezielt nach den Informationen zu suchen, die mich interessieren. Ich muss nicht wissen, wer gerade wen erschossen hat oder in welchem Wald schon wieder ein totes Baby aufgefunden wurde, das tut mir nur weh, ohne dass ich einen Einfluss darauf habe.

Die Nachrichten sind zu über neunzig Prozent mit negativen Schlagzeilen belegt. Wenn du täglich oder gar stündlich die aktuellen negativen Schlagzeilen rund um die Welt konsumierst – und das nicht nur in Form von Text, sondern auch in Form von großformatigen Bildern, damit du dir die Grausamkeiten auch noch viel besser vorstellen kannst –, sind deine Gedanken von diesen negativen Meldungen beeinflusst. Oder willst du mir weismachen, dass deine Gedanken völlig unbeeinflusst sind von dem, was du in der Zeitung liest oder in den Fernsehnachrichten siehst?

So trägst du mit einem ungefilterten Nachrichtenkonsum direkt dazu bei, dass deine Hirnzentrale nicht mit genügend positiven Denkvorgängen versorgt wird und sich unweigerlich Stress in deinem Körper breitmacht.

Klar, Menschen reagieren mehr oder weniger sensibel auf negative Meldungen, aber sei dir bewusst, dass Informationen auch von deinem Unterbewusstsein verarbeitet werden, ohne dass du es bemerkst. Und wenn du dein Unterbewusstsein nur mit negativen Informationen fütterst, wird es auch Dinge in dein Leben rufen, die du freiwillig und bewusst nie so gewählt hättest.

Denke einfach mal darüber nach …

Vielleicht weißt du schon: Du produzierst bei jedem Gedanken, den du bewusst oder unbewusst denkst, ein Gefühl, und dieses Gefühl wiederum produziert Energie. Spätestens seit Einstein ist erwiesen, dass Materie Energie ist und so sind auch Gedanken aus der gleichen Energie wie Materie. Energie kann nicht verloren gehen, sondern lediglich in andere Energieformen umgewandelt werden. Der Unterschied zwischen beiden Energieformen ist einzig und allein die Dichte. Sobald ein Gedanke gedacht wurde, hat er Auswirkung auf unser Leben und unsere Physiologie.

Kapitel 3
Die Welt als Produkt der Gedanken –
die Realitäts-Regel

Positiv denken ist gut und schön,
auf das Herzdenken kommt es an

Positiv Denken allein nützt nichts, es ist erst ein Anfang, der Vorbereitungsschritt in einer Prozesskette zur erfolgreichen Umsetzung deiner Wünsche und Glücksgefühle.

Das Bewusstsein, die konkrete Zielsetzung, unser Tun und Handeln und vor allem unser Herzgefühl sind weitere Komponenten, die uns den schnellstmöglichen Erfolg bringen.

> „Achte auf deine Gedanken – sie sind der
> Anfang deiner Taten."

(Sprichwort)

Ich möchte dir in diesem Zusammenhang hier die Realitätsregel vorstellen. Der natürliche Kreislauf zeigt dir auf, dass du der Schöpfer deiner Erfahrungen und deiner Realität bist. Das, was du wirklich glaubst, das wird deine Realität.

Beginnend bei deinen GEDANKEN. Deine Gedanken produzieren wie bereits gesagt, eine Reaktion im Körper, es sind deine GEFÜHLE. Dein Fühlen wiederum bestimmt dein HANDELN. Das Handeln bringt dich zu einem Ergebnis, welches wir als ERFAHRUNG speichern. Die Erfahrungen sind es, die deine Überzeugungen und

Glaubenssätze kreieren. So denkst du über die Welt, aufgrund der Erfahrung, die du gemacht hast. Mit den Glaubenssätzen sind wir wieder angekommen beim Denken und so weiter.

Der größte Teil deines täglichen Denkens, Fühlens und Handelns geschieht völlig autonom – ist also nicht vom Bewusstsein, sondern vom Unterbewusstsein gesteuert. Wenn du DENKST, löst du bestimmte GEFÜHLE aus, auf diese dein Körper, physisch reagiert. Dieses körperliche Erleben formt dann dein HANDELN und beschert dir auf dem direkten Weg deine Ergebnisse, welche du als ERFAHRUNGEN ablegst. Diese Erfahrungen sind deine Überzeugungen, die deine Glaubenssätze bilden (du hast es ja schließlich so erfahren). Und diese Glaubenssätze bestimmen dein Denken und befeuern deine inneren Bilder aufs Neue.

Auf das Entstehen der Glaubenssätze und wie man sie verändert, kommen wir noch ausführlich in einem späteren Kapitel zurück. Ein Kreislauf entsteht – ganz ohne dein bewusstes Dazutun.

Hast du dir schon überlegt, wie viel von der Umwelt du bewusst wahrnimmst und wie viel unbewusst? In einem Jahr mit seinen 365 Tagen nehmen wir nur gerade ein paar wenige Stunden bewusst wahr, ein minimales Fenster.

Der Hirnforschung schätzt, dass wir uns nur 0,1% dessen, was unser Gehirn gerade tut, bewusst sind. Da uns das Unbewusste gar nicht bewusst ist (logisch, nicht wahr?), haben wir das Gefühl, es sei gar nicht vorhanden.

Das zeigt zum Beispiel der sogenannte „Cocktailparty-Effekt". Stell dir vor, du bist auf einer Party und unterhältst dich mit einer Freundin. Hinter dir führen zwei andere Menschen, die du nicht kennst, ebenfalls ein Gespräch, das du gar nicht beachtest.

Plötzlich hörst du deinen Namen. Du horchst irritiert auf. Du weißt natürlich, dass du dem Gespräch bis zu diesem Zeitpunkt nicht zugehört hast. Aber wenn das wirklich so ist, wie konntest du dann plötzlich deinen Namen hören? In der Tat hast du das Gespräch unbewusst sehr wohl wahrgenommen.

Dein Unbewusstsein hat dein Bewusstsein erst benachrichtigt, als dein Name fiel. Es nimmt ständig alles auf, filtert die Rohdaten, sortiert sie und leitet nur die relevanten Botschaften an dein Bewusstsein. Das alles geschieht in Tausendsteln von Sekunden.

Wir sind manipulativ – das Experiment

Das Experiment zum „Florida-Effekt" von John A. Bargh zeigt eindrücklich, wie Informationen unser Verhalten direkt beeinflussen. Der US-Forscher stellte in seinem Labor an der Universität Yale einen Sprachversuch auf.

Die Versuchspersonen sollten aus verschiedenen vorgegebenen einzelnen Wörtern Sätze bilden. Nachdem die Probanden ihren Satz aufgeschrieben hatten, wurden sie gebeten, in den Raum zurückzugehen, in dem sie zuvor gewartet hatten.

Tatsächlich ging es bei diesem Experiment darum, mit der Stoppuhr zu messen, wie lange die Testpersonen für die Gehstrecke zu diesem Raum benötigen. Bereits beim Hinweg zum Testraum wurde gemessen, wie lange sie brauchten. Der Effekt, der sich zeigte, war verblüffend.

Die Wörter, wie Glatze, grau, Florida, vergesslich, Heim, dem, Schuh, geben, langsam, alt, Himmel, einsam, in, nahtlos …, die den Probanden vorgelegt wurden, konnten mit alten Menschen assoziiert werden. Die Testpersonen liefen nach dem Versuch allesamt viel langsamer zu dem ersten Raum zurück, als sie hergekommen waren.

Das heißt, allein das Lesen bestimmter Wörter beeinflusste das Verhalten der Probanden, ohne dass sie wussten, worum es geht.

Du erntest, was du säst

Input = Output. Das kennst du vom Computer. Was wir dem Computer eingeben, spuckt er als Resultat aus. Oder anders gesagt, was der Bauer sät, wird er später ernten. Die Bauern wussten schon früh, dass sie, um Weizen ernten zu können, auch Weizensamen säen mussten und keine Unkrautsamen.

Auch wenn dieser Vergleich für mich schon etwas ausgelutscht ist, können wir das logisch nachvollziehen, nicht wahr? Das bedeutet, wenn du deinen Input in Form von positiven Gedanken verbesserst, verbesserst du automatisch deinen Output.

Wenn du hingegen ständig an die Hindernisse oder an Fehler denkst, die dir passiert sind, und an das, was du nicht kannst, wirst du noch mehr Fehler machen. Wenn du dich vor dir und anderen rechtfertigen musst, kostet dich das Energie und die Fehlerquote steigt.

Aber warum funktioniert das so und was sind unser Unterbewusstsein und unser Bewusstsein wirklich? Dazu habe ich ein paar Gedankenanstöße für dich.

Das Bewusstsein des Bewusstseins

In Genf wird seit 2013 das Human Brain Project durchgeführt, ein wissenschaftliches Großprojekt, das sich auf die Fahnen geschrieben hat, das menschliche Hirn und das Entstehen des Bewusstseins zusammenzufassen und einen Computer zu bauen, der so assoziiert, denkt und arbeitet wie wir Menschen.

Das Human Brain Project erhielt eine Milliarde Euro, das größte EU-Budget, das je für so ein Projekt genehmigt wurde. Forscher auf der ganzen Welt versorgen das Genfer Institut mit den aktuellsten wissenschaftlichen Studien. In 2023 soll der Supercomputer, der funktioniert, denkt und fühlt wie ein Mensch, fertiggestellt sein.

Fast vier der zehn Jahre sind bereits vergangen und die Forscher sind immer noch weit entfernt, die Entstehung des menschlichen Bewusstseins abbilden zu können. Tatsächlich sind einige Forscher der Meinung, dass das menschliche Hirn in seiner Komplexität wahrscheinlich nie komplett in einem Computer erfasst werden kann, und wagen keine Prognose zu nennen, wann ein richtiger „menschlicher" Computer mit Emotionen und Gefühlen erstmals vorgestellt werden kann.

Es sind bereits Gegenbewegungen am Werk, die dazu übergehen, den Menschen als Ganzes und nicht nur die Funktion des Hirns zu erfassen, um dem Bewusstsein auf die Schliche zu kommen. Neuronen fühlen sich nun mal nicht schlecht, nur der ganze Mensch wird unglücklich. Und man kann eben ein menschliches System im Computer nicht simulieren, wenn Faktoren, wie das Verstehen der Entstehung des Bewusstseins, fehlen.

Eine zunehmende Anzahl von Hirnforschern und Naturwissenschaftlern haben bereits verstanden, dass der Aufenthaltsort des Bewusstseins nicht im menschlichen Körper allein zu suchen ist. Kosmologen und Quantenphysiker aus dem letzten Jahrhundert wie Einstein und Alexander Friedmann (auch die Weisen und Philosophen des Altertums wie Platon und Aristoteles) haben den Ort des Bewusstseins längst gefunden.

Es gibt nicht nur das Bewusstsein jedes einzelnen Menschen für sich selbst, sondern ein universelles Bewusstsein, das in der Nichtlokalität vorhanden ist. Ich nenne es das Quantenbewusstsein, da wir über den quantenmechanischen Energieaustausch mit diesem Bewusstsein verbunden sind.

Es ist das Bewusstsein, das nicht nur unserem Hirn entspringt und unsere Erfahrungen nur in den Nervenzellen des Gehirns speichert, sondern in einem kollektiven Quantenbewusstsein, das einem übergeordneten Informationsfeld angehört.

Das hört sich kompliziert an, ist es aber nicht. Stell dir einfach vor, das universelle Bewusstsein ist ein raum-, zeit- und materieloser Informationsspeicher. Bereits Max Plancks Wirkungsquantum beschrieb die Schwingungsvorgänge und den Energieaustausch von kleinsten Teilchen, welche auch für das menschliche Bewusstsein gelten. Dieses Quantenbewusstsein ist also mit uns Menschen und mit jeglicher Materie verknüpft.

Meiner Meinung nach wird die nächste Entwicklung der Forschung in diesem Zusammenhang deshalb sein, das Bewusstsein als Mittelpunkt in unserem Universum, als Schöpferkraft zu verstehen. Darum glaube ich nicht, dass es in nächster Zeit möglich sein wird, einen

Computer zu bauen, der das menschliche Bewusstsein korrekt darstellt.

Immer mehr Menschen verstehen den Wirkungszusammenhang zwischen Bewusstsein, Geist und Materie. Ich bin überzeugt, dass die Hierarchie des Geistes in jeder Materie steckt. Wenn du die Realitätsregel anschaust, siehst du, dass Materie deine Ergebnisse und Erfahrungen sind. Die Materie besteht aus Informationen (Denken), Bewusstsein (Handeln) und Energie (Gefühlen).

Auf der Forschungsebene weiß man, dass Bewusstsein die Fähigkeit ist, im Hirn die Umwelt abzubilden und die Summe aller Dinge, die ich erlebe, als Töne, Bilder, Geräusche und Gefühle als Erfahrung abzuspeichern.

Diese Erfahrungen bilden einen wesentlichen Bestandteil unseres Bewusstseins und alle unsere Gedanken bilden in ihrer Gesamtheit unser Bewusstsein. Das mentale Ich-Bewusstsein bildet sich im Alter von ungefähr eineinhalb Jahren.

Unser Gehirn nimmt die Informationen aus der Umwelt z. B. über die Netzhaut auf und interpretiert fortlaufend, ob diese Informationen relevant sind, um sie an unser Bewusstsein weiterzugeben, wie uns das Experiment zum „Florida-Effekt" bereits aufgezeigt hat.

Werden Informationen als nicht relevant eingestuft, bleiben sie in unserem Unbewussten verankert. Die Sinnesdaten werden demnach nicht neutral abgespeichert.

Wenn bestimmte Informationen im Unterbewusstsein versickern, müssen wir daher davon ausgehen, dass uns nicht zu jedem Zeitpunkt das präzise Abbild der Realität zur Verfügung steht, und somit unser Realitätsbild auf Illusionen basieren kann. Du nimmst etwas nur dann bewusst wahr, wenn der Sinneseindruck mehrere Areale im Hirn aktiviert. Ob eine Information aus der Umwelt in dein Bewusstsein vordringt, hängt auch davon ab, wie deine Erinnerungen, die durch die Summe vergangener Erfahrungen geprägt ist, von deinem Hirn gewertet wird.

Erst, wenn du die Sache betrachtest und dich damit beschäftigst, wird sie von deinem Bewusstsein aufgenommen.

Davor gilt nur die Möglichkeit, dass etwas existiert. Und eine dieser Möglichkeiten wird dann von unserem Bewusstsein als real bezeichnet. Wenn etwas real existiert, heißt das noch lange nicht, dass wir es auch wahrnehmen – das ist das Phänomen der Unaufmerksamkeitsblindheit.

Ich gebe dir dazu ein eindrückliches Beispiel, und zwar einen selektiven Wahrnehmungstest, der 1999 von Daniel Simons und Christopher Chabris durchgeführt wurde.

http://bit.ly/Aufmerksamkeitstest

Falls du diesen Test nicht kennst, mach gleich mit, bevor du weiterliest. Falls du ihn kennst, erlaube dir den Spaß doch mit Freunden. Mal schauen, wie viele deiner Freunde den Test „bestehen".

Nun will ich dir hier nicht allzu viel verraten, aber lass dir gesagt sein: Falls du den Test nicht bestehst, brauchst du in keiner Weise an deiner geistigen Leistungsfähigkeit zu zweifeln. Er zeigt einfach auf, wie unsere universelle Eigenart des Denkens und der Wahrnehmung funktioniert.

Diese natürlichen Mechanismen, die uns dauernd umgeben, werden von großen Teilen der Naturwissenschaft verkannt, die geistige Phänomene missachtet, weil sie nicht messbar sind.

Dennoch sind diese Mechanismen auch der Medizin und der Wissenschaft längst bekannt, denke dabei zum Beispiel an den Placebo- und Nocebo-Effekt, deren Wirksamkeit in vielen medizinischen Tests nachgewiesen wurde.

Placebo = Ich glaube, es wirkt, und es wirkt.

Nocebo = Ich glaube, es wirkt nicht, und es wirkt nicht.

Zwischen dem Denken, das unseren Glaubenssätzen entspringt, dem Geist und dem Körper besteht also eine Verbindung, die inzwischen auch von der Wissenschaft als Mind-Body-Connection erforscht und bewiesen ist. Das Denken, der Glaube oder „the Belief" wie es im Englischen noch treffender ausgedrückt wird, ist wie körpereigenes Wissen. Der Glaube hat eine enorme Kraft. Gedanken und Gefühle sind die Folge von Erfahrungen, die in unseren Körperzellen (nicht nur im Gehirn) abgespeichert sind. Deshalb ist der Körper in seiner Ganzheit auch so zentral für unser Bewusstsein.

Man kann weitergehend auch sagen: Wenn Gedanken und Gefühle die Folge von Erfahrungen sind, dann sind Erfahrungen die Folge unseres Unterbewusstseins und unseres Bewusstseins, die wiederum Teil eines individuellen Informationsfeldes und eines universellen Informationsfeldes sind. Das universelle Informationsfeld hat eine Wellenfunktion auf den verschiedenen Informationsebenen, die Resonanzmöglichkeiten zu unserem Denken bieten.

Alles, was schwingt

Du kannst dir vorstellen, dass Teile der individuellen und universellen Informationsebenen zu Teilen unseres Bewusstseins werden. Daraus entstehen Kräfte und Energie.

Jede Existenz ist Energie. Energie ist Schwingung. Schwingung vibriert. Materie ist Schwingung, Gedanken sind Schwingung. Alles im Universum schwingt. Alles hat seine eigene Wellenlänge. Was ich dir in diesem Buch erzähle, baut auf dieser Gesetzmäßigkeit auf.

Wenn du das zum ersten Mal hörst, ist es möglicherweise schwer zu verstehen. „Alles ist Schwingung?" Auch der Apfel, der Stuhl und der Tisch vor mir? Sogar mein Körper, mein Auto und mein Hund? Was soll das bedeuten, dass alles vibriert?

Du weißt vielleicht, dass Musik und Stimmen Schwingungen erzeugen. Aber man kann es fast nicht glauben, dass auch Dinge aus Holz, Stein und Beton, Dinge, die man anfassen kann und von deren Festigkeit man sich überzeugen kann, schwingen.

Bereits Albert Einstein zeigte mit seiner Formel $E=mc2$ die Gesetzmäßigkeit auf, dass Masse und Energie eines Objektes zueinander proportional sind. Diese Gesetzmäßigkeit besagt also, dass jede Masse, also Materie (jeder Körper, jeder Gegenstand) Energie (also Licht oder Wärme) besitzt. Materie ist also quasi verfestigte Energie, und es liegt nahe, dass umgekehrt Energie auch Masse werden kann. Die Änderung der Energie eines Systems bedeutet daher auch eine Änderung der Masse und umgekehrt.

So kommt auch die Wissenschaft bei ihren Erklärungen immer mehr auf die Gesetze der Quantenphysik zurück, dass Masse nichts anderes ist als Energie mit entsprechender Schwingung.

Wenn wir Dinge in immer kleinere Einheiten aufspalten, kommen wir in eine schwer verständliche Welt, in der alles nur noch aus Teilchen und Wellen besteht.

Vor hundert Jahren entwarf der dänische Physiker Niels Bohr ein Atommodell, das einen entscheidenden Schritt zu modernen Quantenphysik markierte und heute noch die Forschung inspiriert.

Atome sind nicht unteilbar, wie zum Zeitpunkt der Namensgebung angenommen, sondern zeigen einen wohlbestimmten Aufbau aus noch kleineren Teilchen.

Atome bestehen aus einer Hülle von negativ geladenen Elektronen und einem Kern aus positiv geladenen Protonen und neutralen Neutronen.

Je nach Größe des Atoms und der Form der Elektronen besitzt das Atom eine charakteristische Schwingung. Auch die Elektronen, die negativ geladenen Teilchen, bestehen nicht aus fester Materie, sondern sind etwas Wellenartiges, das ständig um einen Atomkern herumschwingt.

Wenn du ein Atom beziehungsweise ein Elektron unter einem Mikroskop untersuchst, wirst du plötzlich sagen: „He, wo ist es hin? Es ist weg." Und in der nächsten Sekunde ist es wieder da. Es bewegt sich ständig. Bereits 1927 stellte der Physiker Werner Heisenberg die Unbestimmtheitsrelation dar, welche aufzeigt, dass Ort und Impuls, also der Zustand, von kleinsten Quantenobjekten nicht gleichzeitig bestimmt werden kann. Die Bestimmung von Ort und Impuls eines Teilchens ist nur möglich, wenn für beide Größen eine Unschärfe in Kauf genommen wird, besagt die daraus entwickelte Heisenbergsche Unschärferelation.

Alle Stoffe werden durch Atome gebildet, egal ob sie fest oder flüssig sind. So lassen sich sämtliche Eigenschaften von Körpern auf den Aufbau ihrer Atome und deren Zusammenwirken zurückführen.

Elementarteilchen wie das Elektron sind Quantenobjekte, welche zugleich aus Teilchen als auch aus Wellen bestehen. Was diese Entdeckung dieser Quantenobjekte aber tatsächlich bedeutete, bemerkte die Weltöffentlichkeit erst im Jahre 1945 auf eine sehr unangenehme Art und Weise.

Denn die USA warfen je eine Atombombe auf die japanischen Städte Hiroshima und Nagasaki. Atome sind so winzige Teilchen, dass sie mit bloßem Auge nicht sichtbar sind. Trotzdem setzten sie bei ihrer Teilung eine gigantische Energie frei, die unzählige Menschen tötete. Damit wird deutlich, dass in den kleinsten Teilchen eine große Menge Energie steckt.

Max Planck, der als einer der Väter der Quantentheorie gilt, fand die Formel, mit deren Hilfe die Frequenz einer Strahlung und der damit verbundenen Energie mathematisch berechnet werden konnte. Diese Entdeckung unterstützt die Theorie Einsteins, dass jedem Quantenobjekt eine Materiewelle zugeordnet werden kann.

Alles vibriert unaufhörlich in extrem hoher Geschwindigkeit und bewegt sich und sendet so energetische Schwingungen aus. Durch die hohe Geschwindigkeit wird Materie für uns sichtbar.

Du kannst dir das auch so vorstellen: Bei einem Fahrrad, das steht, kannst du beim Rad durch die Speichen durchgreifen. Fährt das Fahrrad mit einer entsprechenden Geschwindigkeit, so siehst du diese Aussparungen der Speichen nicht mehr und hast das Gefühl, das Rad besteht aus einer komplett homogenen Fläche.

Auch Orte und Menschen haben ihre Schwingung. Jeder einzelne Mensch vibriert und hat seine eigene Schwingung und einen Sensor, mit dem er Schwingungen aufnehmen kann.

Wenn ein Mensch glücklich und zufrieden ist, strahlt er auf einer anderen Wellenlänge als ein Mensch, der tiefes Leid erfahren hat. Wer andere Menschen liebt, strahlt andere emotionale Schwingungen aus als Menschen die Wuterfüllt sind.

Von Menschen, die Unrechtes tun, gehen tiefdunkle, niedrige Schwingungen aus. Dasselbe gilt auch für Dinge und Orte. Man hört immer wieder von Orten, an denen besonders häufig Verkehrsunfälle geschehen, oder von Orten, an denen es Glück bringt, ein Laden zu eröffnen, der dann von Beginn an gut läuft, und von Orten, die sogar Heilkräfte besitzen.

Nicht nur materielle Objekte, auch andere Phänomene der Welt besitzen ihre eigene Frequenz. Die Veränderung der Energie der Erdatmosphäre lassen Gewitter und Wirbelstürme entstehen oder Erdbeben auslösen.

Es sind gewaltige Energien, mit enormer Kraft. Das lässt uns auch verstehen, weshalb die meisten Menschen gerne an Orte und zu Plätzen gehen, wo Menschen sich versammeln, um Spaß zu haben. Denn wo Spaß vorherrscht, wirbeln auch gute und fröhliche Schwingungen umher. Wir lassen uns von guten Schwingungen anstecken und nehmen sie auf wie ein Schwamm das Wasser. Umgekehrt nehmen wir aber auch negative Schwingungen auf und passen uns dem Energielevel an. Der Einfluss ist besonders stark, wenn wir mit Menschen in einer engen Beziehung stehen.

Die Energie folgt der Aufmerksamkeit

An dieser Stelle ist es mir wichtig, dass du erkennst und verstehst, dass alles um uns herum Energie ist, dass wir selber Energie sind und Schwingungen erzeugen. Die weitere Erkenntnis daraus, die ich dir an dieser Stelle ans Herz lege, ist, dass Energie stets der Aufmerksamkeit folgt.

Dies macht sich auch die Hypnose zu Nutze, indem sie mit der Fokussierung auf nur ein Ding arbeitet. Dabei spielt natürlich die Erwartungshaltung und der feste Glaube daran, dass etwas funktionieren wird, eine große Rolle.

Probiere es mal aus. Setze dich entspannt hin. Nimm deine Hände und schau die Innenfläche deiner Handgelenke an. Am Handgelenk befinden sich ein paar horizontale Linien. Bring nun jeweils die oberen Linien beider Handgelenke genau zusammen und falte dann deine Hände, wie wenn du beten würdest. Jetzt betrachtest du deine Hände von der Seite. Schau dabei deine beiden Mittelfinger an. Einer von beiden Fingern ist bei den meisten Menschen kürzer als der andere. Um diesen Finger geht es nun. Falls deine Mittelfinger gleich lang sind, entscheidest du dich einfach für einen von beiden.

Jetzt löst du deine Hände voneinander und legst die Hand mit dem kürzeren Finger mit der Handinnenfläche auf den Tisch. Nun schaust du eine Minute lang deine Fingerspitze an. Konzentriere dich nur auf die Fingerspitze. Du fühlst, wie dein Finger auf dem Tisch aufliegt. Du spürst den Luftstrom und die Temperatur rund um deine Fingerspitze herum. Konzentriere dich nur auf diesen einen Punkt, deine Fingerspitze. Stell dir jetzt vor, wie dein Finger anfängt zu wachsen. Schließe dabei deine Augen und stell dir vor, wie es sich anfühlt, wenn dein Finger wächst. Er wird immer länger und länger. Vielleicht spürst du sogar, dass sich dein Finger abhebt vom Tisch. Konzentriere dich weiter und spüre, wie er größer wird.

Nach einer Minute legst du deine Hände genau wie vorher entlang der oberen Handkantenlinien aufeinander. Schau nun deine gefalteten Hände nochmals von der Seite an.

Und? Was siehst du?

Verrückt, nicht wahr? Dein Finger ist länger geworden. Allein, durch deine gebündelte Fokussierung und die Konzentration auf deinen Finger und das Gefühl, dass er wächst, bist du sprichwörtlich über dich hinausgewachsen.

Das funktioniert nur, wenn es dir gelingt, dich einen Moment nur auf diese eine Sache zu konzentrieren und du dich durch nichts ablenken lässt. Du erfährst täglich hypnotische Zustände durch Fokussierung, ohne dass du es dir vielleicht bewusst bist. Du kennst das, wenn du zum Beispiel beim Autofahren die Strecke völlig unbewusst wählst und gar nicht mehr weißt, wie du am Ziel angekommen bist, oder wenn du tief versunken ein Buch liest und völlig die Zeit vergisst. Oder wenn du dich bei deiner Arbeit so konzentrierst, dass du die Stimmen rund um dich nicht mehr wahrnimmst. Das ist Trance, ein Moment, in dem du in hypnotischem Zustand weilst.

Genau mit solchem Fokussieren bestimmst du, welcher Aufmerksamkeit du folgst, und entscheidest somit über die Existenz und Formen der Materie in deinem Leben. Und somit kommen wir über einen Exkurs über die Lehre, dass die Energie stets der Aufmerksamkeit folgt, wieder zurück zur Realitätsregel, die vereinfacht dargestellt nichts anderes sagt, als dass du der Schöpfer deines Lebens bist. Deshalb: Richte deine Aufmerksamkeit immer auf das, was du willst, und nicht auf das, was du nicht willst. Du kannst deine Energie an Sorgen, Grübeleien und Geplapper verschwenden, oder du kannst die Energie der Gedanken für dich nutzen.

Also doch:
Think Positive, Think Positive, Think Positive

Also geht es doch nur darum, unsere Gedankenzentrale bewusst mit positiven Informationen zu füttern, um positive Schwingung zu erzeugen?

Nein, natürlich nicht. Wer kann schon pausenlos positiv denken? Natürlich ist es besser, die Dinge positiv als negativ zu sehen, aber wie bereits erwähnt ist positives Denken erst der Anfang. Es ist ein Schlüssel, der uns das Tor öffnet, um unglaubliche Dinge umzusetzen. Und dazu ist es extrem wichtig, den Ansatz der Quantenmechanik und den Zusammenhang von „Alles, was schwingt" zu verstehen.

Wir brauchen jedoch das Auf und Ab im Leben, wie Fische das Wasser. Denn auf jedes Tief folgt wieder ein Hoch, in dem wir die Dinge wieder mit neuer Energie anpacken und umsetzen. Die Unzufriedenheit ist deine treibende Kraft, damit du sagst: „Das ist mir nicht genug, das kann noch nicht alles gewesen sein!"

In der Unzufriedenheit kannst du die Zeit nutzen, um innezuhalten und zu analysieren. Sie gehört zum Prozess des Sich-Bewusstwerdens, dass da noch mehr auf dich wartet. Die Unzufriedenheit ist der Punkt, an dem die Umkehrung eingeleitet wird und du dir überlegst, was du verändern musst. Vielleicht ist es eine neue Wohnung, ein neuer Job oder ein erfüllendes Hobby, das dir hilft, in deinem Glücksbewusstsein einen Schritt weiterzukommen.

Wenn du die Unzufriedenheit als Botschaft und als wertvolle Zeitqualität zu einem besseren Leben verstehst, kannst du ein konstant glückliches Leben führen. Die Unzufriedenheit als momentane Gefühlsregung wahrzunehmen und als Wegweiser zu verstehen, ist das Ziel. Das Bewusstsein, dass du aus jeder unzufriedenen Situation oder einer Krise mit Stärke und Kraft herauskommen kannst, um das nächste positive Ereignis, das nächste Ziel in Angriff zu nehmen. Das ist die Denkebene der Schöpfung.

Wenn die Unzufriedenheit dich jedoch so tief in ein Loch fallen lässt, dass du im Selbstmitleid ertrinkst und allem Positiven gegenüber blind gestellt bist, dann bist du in die Destruktivfalle getappt.

Du hast dich in die Opferrolle manövriert. Auf dieser Ebene bist du gefangen, unfrei und unfähig, deine Schöpfungskraft anzuzapfen. Es ist die destruktive Denkebene, die der Zerstörung.

Klar, die einen scheinen es vollkommen zu genießen, aus dem Schatten heraus zu agieren. Sie suhlen sich richtiggehend in der Schlammpfütze und hören nicht auf, ständig zu nörgeln, zu jammern und sich zu beklagen.

Du kennst sicherlich auch so Menschen, die an nichts ein gutes Haar lassen können. Sie schwingen auf einer niedrigen Frequenz, und du musst aufpassen, dass du dich nicht herunterziehen lässt.

Kürzlich habe ich ein belangloses Gespräch mitverfolgt, als ich in einer neu eröffneten Kinderkleiderbörse in den Regalen gestöbert habe.

Es kam ein Mann herein und ging zur Ladenbesitzerin. „Hallo, Rita." (Sie haben sich geduzt.) „Ich habe dir draußen noch die zwei Schilder montiert, die du so schnell wie möglich haben wolltest." (Offensichtlich war er der Hausmeister des Gebäudes.) „Es war ein bisschen mühsam, mit der Leiter da hochzuklettern, weil der Boden ziemlich uneben war. Ich bin fast heruntergefallen."

„Oh je, zum Glück ist ja nichts passiert. Aber danke für's Montieren", antwortete die Ladeninhaberin. „Und? Hast du ein schönes Wochenende gehabt?", fragte sie ihn, um das Thema zu wechseln.

„Das war ja ein Sauwetter, man kann ja nichts machen bei dem Wetter. Und für morgen hat der Wetterbericht sogar Schnee angekündigt", antwortete er ihr, in einem mitleiderweckenden Tonfall.

„Na ja, ich hatte eh zu tun mit der Neueröffnung, da hat es mich nicht gestört", meinte die Ladenbesitzern. „Ich habe alles fertig

eingerichtet, und jetzt hoffe ich, es kommen viele neue Leute zu mir in den Laden."

„Bei der miesen Wirtschaftslage heute ist es schwierig, neue Kunden zu finden. Die Leute wollen eh nichts kaufen. Und es wird immer schlimmer mit dem hohen Schweizer Franken. Alle gehen ins nahe Ausland einkaufen", schimpfte der Hausmeister.

„Ich bin ja zum Glück in einem Niedrigpreisgeschäft zu Hause", entgegnete sie.

Ich unterbrach das Gespräch der beiden, um der Inhaberin eine Frage zu stellen. Ich fragte sie, ob sie denn während der Frühlingsferien offen habe. Nachdem ich die Antwort erhalten und mich wieder abgewandt hatte, hörte ich den Hausmeister seufzen: „Ach ja, Ferien hatte ich auch schon lange keine mehr. Aber wo kannst du denn überhaupt noch hingehen heutzutage? Du musst ja überall mit einem Terroranschlag rechnen."

Und so wurde das Gespräch noch einige Minuten fortgeführt. Ich konnte gar nicht mehr zuhören und wäre am liebsten hingegangen und hätte den Menschen durchgeschüttelt.

Aus dieser Haltung ist eine selbstbestimmte Veränderung kaum möglich. Du kannst einem solchen Menschen nachfühlen. Er ist in eine Destruktivfalle getappt. Und meistens merken es diese Menschen gar nicht.

Der erste Schritt ist, anstatt Mitleid von den anderen Menschen zu erwarten, dies zu erkennen. Es braucht etwas Raum und Zeit, um wieder aus der Situation herauszukommen.

Ich gebe dir dazu eine kurze aber wirkungsvolle Übung.

Übung: Ballonfliegenlassen

Schließe dazu deine Augen und entspanne dich. Genieße das Dunkel und erlaube dir loszulassen.

Dann erinnere dich: Was hat dich zuletzt veranlasst, dich über eine Situation zu beklagen und zu nörgeln? Was hat dich geärgert? Kreiere dazu ein inneres Bild. Schau dir das Bild eine Weile an und packe es dann in einen Luftballon.

Am besten gibst du dem Ballon eine fröhliche Farbe wie rosa, lila oder gelb. Lass deinen Luftballon nun fliegen und schau ihm eine Weile zu, wie er immer kleiner wird. Mit dem Fliegenlassen des Luftballons verliert die Situation, über die du dich beklagst, immer mehr an Kraft. Somit wird sie nicht mehr durch das Jammern und Klagen genährt.

Mache die Übung mehrmals am Tag, bis am Ende das Bild nur noch ganz blass existiert und du dich von der Jammerenergie befreit hast. Du erfährst durch diese Übung auch, dass du es selber bist, und nicht die anderen, der die Veränderung möglich macht.

Also suhle dich nicht in Nörgeleien, die dich nur auf der zerstörerischen Ebene halten, und nutze lieber die Kraft der positiven Unzufriedenheit.

Kapitel 4
Wegweiser als Geschenk verstehen

Und wenn das Schicksal dich heimsucht?

„Ja, ja, die kann leicht reden", denkst du vielleicht, „die Beispiele bis jetzt sind ja keine echten Probleme. Was ist, wenn ganz plötzlich ein schlimmer Schicksalsschlag über dich hereinbricht und das Unglück aus dem Nichts dein ganzes Wesen einnimmt? Da reicht es nicht, einfach mal die Ballone mit den negativen Gedanken fliegen zu lassen."

Da gebe ich dir recht. Der Prozess, mit einem Schicksalsschlag umzugehen oder eine Trauer zu verarbeiten, ist ein anderer und braucht Zeit.

Aber die gute Nachricht ist: Sowohl der Mensch, der plötzlich eine Querschnittlähmung erleidet, als auch derjenige, der im Lotto eine Million gewinnt, sind nach zwei Jahren wieder genauso glücklich wie zuvor. Natürlich kann ein plötzlich einschneidendes Erlebnis ein vorübergehendes Trauma hervorrufen mit ganz vielen Begleit- und Folgeerscheinungen. Wer das schon mal erlebt hat, weiß, wovon ich spreche.

Ich habe dir schon erzählt, dass ich mit 21 Jahren auf meinem morgendlichen Arbeitsweg einen schweren Autounfall erlitten hatte. Damals ist meine bis dahin „heile" Welt mit einem Mal komplett zusammengebrochen. Nichts war mehr, wie es war. Ich wusste gar nicht, was um mich geschah, geschweige denn wie es zum Unfall gekommen ist.

Ich fuhr auf dieser alten Landstraße, als es plötzlich krachte. Ich kann mich nur an wenige Sekundenbruchstücke erinnern. Vor mir tauchte plötzlich diese weiße Wand auf. Die Wand der Motorhaube des entgegenkommenden Lieferwagens.

Ich weiß noch, als ich wieder zu mir gekommen bin, habe ich nur geschrien, es soll mich mal jemand aus meinem Wagen herausholen. Ich habe geschrien und geschrien. Der Mann, der herbeigeeilt war, konnte die Autotür nicht öffnen.

Es musste erst die Feuerwehr geholt werden, um die Wrackteile auseinanderzuschneiden, in denen ich verklemmt war. Mein rechter Fuß fühlte sich an wie in einem Schraubstock eingedreht. Er war zwischen dem Gas- und Bremspedal eingeklemmt und hat sich, in die andere Richtung schauend, durch den Boden des Karosserieblechs gebohrt.

Ich bin immer wieder in die Bewusstlosigkeit abgetaucht, die mich kurze Zeit vom Geschehen befreite. Die kurzeitige Abschaltung der Hirnfunktion ist ein Schutzmechanismus des Körpers. Anders wären die Schmerzen nicht aushaltbar gewesen. Es dauerte zehn Minuten, bis die Feuerwehr und auch der Krankenwagen da war, für mich eine halbe Ewigkeit.

Als ich im Spital angekommen war, wurde ich sofort in den Operationssaal geschoben. Es dauerte sechs Stunden, bis sie meinen doppelten Oberschenkelbruch und den Fuß gerichtet haben.

Vom Fußgelenk bis zum Mittelfuß war kein Knochen mehr ganz. Die Entnahme meines Fußes wurde bereits als unumgängliches Szenario unter den Ärzten diskutiert. Er hatte sich bereits dunkelblau verfärbt und war auf die vierfache Größe angeschwollen. Trotz der Entlastungsschnitte in der Haut, die sie mir bis zur Wade hin einritzten, damit sich die Haut dehnen konnte, quoll der Fuß immer weiter an und die Haut drohte zu zerreißen. Der Oberarzt musste sich also schnell entscheiden.

Es war dem Oberarzt zu verdanken, dass er der Meinung war, mein komplett verdrehtes und zerquetschtes Fußgelenk überhaupt noch Instandstellen, zu versuchen.

„Sie haben Glück im Unglück gehabt, junges Fräulein", sagte mir der Arzt, als ich aus der Narkose erwacht war. „Wir konnten Ihren Fuß retten. Wie gut Sie in Zukunft damit laufen können oder ob Sie je wieder Sport machen können, können wir Ihnen im Moment noch nicht sagen. Eventuell müssen wir den Fuß dann noch versteifen, damit Sie damit wieder gut gehen können."

Ich sah meinen Fuß an, der eher aussah wie ein gespickter Braten als ein Körperteil, dass man zum Gehen benutzte. Immer noch dick geschwollen und übersät mit Entlastungsschnitten, die wie eine Perforierung aus dem Fleisch quollen.

Die Kombination der Verletzungen, der doppelte Oberschenkelbruch links und das Fußgelenk rechts, zwang mich für die nächsten sechs Wochen in den Rollstuhl. Die Erfahrung, plötzlich nicht mehr einfach davonlaufen zu können, wenn ich wollte, rund um die Uhr auf die Hilfe anderer angewiesen zu sein, war für mich ein Graus. Unabhängigkeit und Selbstständigkeit waren für mich stets oberste Gut.

Schon als kleines Kind wollte ich immer alles selber machen. „Selber machen" waren mit meine ersten Worte, als ich zu sprechen begann, witzelte meine Mutter immer. So haderte ich auch viel mehr mit dem Ausgeliefertsein als mit meinen Verletzungen selber.

An das Aussehen meines Fußes hatte ich mich bereits gewöhnt. Die langgezogene Narbe am Oberschenkel war halb so schlimm. Narben machen ja schließlich interessant. Alles, was ich wollte, war: so schnell wie möglich wieder raus aus dem Spital. So habe ich immer schön brav meine Physiolektionen absolviert. Ich wollte noch ein bisschen mehr tun als in den üblichen Trainings, aber ich wurde immer wieder zurückgehalten.

„Heilung braucht Zeit. Das geht nicht von heute auf Morgen, Fräulein", ermahnte mich der Physiotherapeut.

Das war für mich eine schlimme Erfahrung. Warten müssen, Geduld haben. Das war noch nie meine Stärke gewesen. Ich war von dem Typ Kind, das mit seinem eisernen Willen und dem harten Kopf durch die Wand ging. Anfänglich konnte ich die Übungen nur im Bett absolvieren, dann im Rollstuhl. Als ich nach drei Wochen das erste Mal auf meinen neu geformten und mit den Perforierungen verschönerten Fuß auftreten durfte, war ich voller Aufregung.

In der Vertikale stehen, die Welt wieder aus einer aufrechtstehenden Perspektive anzuschauen, war wunderbar. Der Physiotherapeut gab mir zwei Stöcke in die Hand. Denn ich durfte ja nur auf meinem demolierten Fuß stehen. Das Bein mit dem zweifach gebrochenen Oberschenkel dürfe auf keinen Fall belastet werden, redete der Therapeut mir ins Gewissen. „Der Arzt hat gesagt, wenn Sie mit den Stöcken den Spitalgang einmal hin- und zurücklaufen können, dürfen Sie nach Hause, Fräulein."

„Na, dann mal los, den Gang hinauf- und herunterlaufen, die Koffer packen und schnell weg", sagte ich.

Der Therapeut lächelte. Es war aber mein voller Ernst. Er sagte dann: „Gehen wir mal aus dem Zimmer, vor die Tür in den Gang." Bei der Türe angekommen, konnte ich nicht mehr. Mein Fuß schmerzte durch die Belastung nach nur sechs Schritten dermaßen.

„Bitte, können wir umkehren?", flehte ich den Therapeuten an. Meine Enttäuschung war groß, als ich realisierte, dass mein Körper nicht fähig war, mit meinem Kopf und meinem Willen mitzuhalten.

An dem Punkt angekommen, fing ich an, den tieferen Sinn dieser Lektion in meinem Leben zu suchen. Was wollte mir der Unfall zeigen? Und vor allem, weshalb war ich in dieser Lebenskrise gefangen und konnte nicht so voranschreiten, wie ich wollte?

Welche Grenzen sollten mir hier aufgezeigt werden? Sollte ich meinen Leitspruch „Geht nicht, gibt's nicht" überdenken oder gar über Bord werfen? Ich fühlte mich als Spielball äußerer Kräfte, die ich nicht kontrollieren konnte.

Plötzlich erhielt die Ausrichtung nach Glück eine ganz andere Dimension.

Wake Up Call

Bis dahin konnte ich mit Krisen und Niederlagen leicht und kreativ umgehen. Durch meine optimistische Haltung war ich gewohnt, dass es immer Lösungen gibt, man muss nur kreativ genug sein, um sie zu sehen.

Ich wusste, grundsätzlich gibt es nichts, was ich nicht erreichen kann, wenn ich es mir in den Kopf setze, beziehungsweise wenn ich es mir vorstellen kann. Nun war ich gefangen im Kreislauf eines Naturgesetzes. Im Naturgesetz, dass Heilung Zeit braucht.

Auf der Suche nach dem Sinn meines Unfalls, fing ich an, diese Situation als Reifeprozess zu verstehen. Es war eine Art „Wake Up Call", der mich aufrüttelte, innerlich etwas zu verändern. Das Geschenk, das ich daraus für mein Leben mitnahm, ist, meine Gefühle zuzulassen, sie offenzulegen und ausleben zu dürfen. Ich begann wieder, auf mein Herz zu hören und meiner inneren Intuition zu folgen.

In meiner Kindheit war ich sehr intuitiv und sensitiv. Ich war hypersensibel, was Schmerzen anderer Menschen angeht. Hat ein Mitschüler einen Schlag in den Magen erhalten, konnte ich am Nachmittag nicht mehr zur Schule, weil ich Magenschmerzen hatte und mir schlecht war. Ist eine Schulfreundin beim Radfahren gestürzt und hatte sich Schürfungen am Bein zugezogen, konnte ich nicht mehr laufen, weil mein Bein so schmerzte. Es war, als ob ich selber geschlagen worden oder mit dem Fahrrad gestürzt war.

Diese ausgeprägte Art von Einfühlungsvermögen ist, wie ich viel später herausfand, eine Spiegel- oder Berührungssynästhesie, wie es die Wissenschaftler nennen. Es gibt verschiedene Arten der Synästhesie, die in den letzten Jahren umfangreich erforscht wurden. Wahrscheinlich ist es diesem Phänomen zuschreiben, dass meine Sinne schon recht früh sehr empfindsam und ausgeprägt schienen und ich meine Intuition stark wahrnahm. Die Synästhesie ist keine besondere Begabung, sondern einfach eine Vernetzung verschiedener Sinne im Hirn. So sehe ich auch Zahlen und Buchstaben in Farben und verschiedenen Charakteren. Die Zahl 6 zum Beispiel ist freundlich und klug, die 4 ist gelb und ruhig und die neun ist schwarz, unsympathisch und eklig. Die Monate und Jahre befinden sich auf einer Zeitachse in verschiedenen Höhen und schießen in einem Halbkreis. Die Geburtstage, nicht nur meiner Mitschüler, sondern der ganzen Schule und jedes Menschen, den ich kennenlernte, konnte ich mir durch die Verbindung mit den Farben und der Zuordnung ausnahmslos merken. Es konnte durchaus passieren, dass ein ausgegrenzter, scheuer Junge ein voll sympathisches Geburtsdatum hatte. Wenn dich die farbige Welt der Synästhetiker interessiert, dann schau auf meiner Website, www.petrapanholzer.com/mehr/downloads vorbei. Ich habe da einige Informationen zu den verschiedenen Synästhesie-Formen und Erfahrungen, wie ich Synästhesie erlebe, zusammengestellt.

Mit dem Erwachsenwerden hatte ich jedoch vermutlich ein Vermeidungsverhalten dem gegenüber, was ich sehe und fühle, entwickelt und war eher ein verstandesbetonter Kopfmensch geworden.

Ich versprach mir, ab sofort meine kindlichen, intuitiven und sensitiven Wahrnehmungen nicht mehr zu ignorieren und im Gegenteil fortan zu fördern und so auch meinen Blick wieder vermehrt nach innen zu richten.

Festzustellen, dass es auch für mich im Leben Grenzen gibt, hat mich tief erschreckt. Ich musste lernen, mit meiner Ungeduld umzugehen, ich konnte mir fortan nur noch kleine Ziele stecken, was meine Genesung betraf.

Die Ziele gerade in einer Krise realistisch und kleiner zu stecken, hat den Vorteil, dass du schneller einen Erfolg erfährst und dieser wiederum deinen Glauben an das Machbare und deine eigenen Fähigkeiten stärkt.

In meinem Fall ging es um den Glauben und das Vertrauen in meine körperlichen Fähigkeiten. Mit zunehmendem Erfolg, der auf vorangegangenen erfüllten Zwischenzielen aufbaut, wächst auch das Vertrauen in die eigene Fähigkeit, Wünsche in die Realität umsetzen zu können.

Glück ist also auch, wenn du dir Ziele setzen kannst, um diese zu erreichen. Es macht Spaß, und alleine schon die Vorfreude versetzt dich in einen kleinen Glückszustand.

Ziele sollten also, vor allem in Krisensituationen, eine realistische Größe haben, um nicht den Mut zu verlieren und daran zu zerbrechen, ohne zu klein und belanglos zu sein.

Wenn dein Ziel sehr groß ist, setze dir lieber Teilziele, damit du dich nicht im Vornherein hängen lässt und den ersten Schritt in Richtung Ziel gar nicht machst.

Wichtig ist, dass du bei den Teilzielen immer auch dein Endziel im Fokus behältst. Du stellst deinen Kompass wie auf einem Schiff auf den Zielhafen, das Endziel, ein und peilst dazwischen verschiedene Destinationen, als Zwischenziel, mit deinem Radar an. Eines nach dem anderen, Schritt für Schritt, bis du am Ziel bist. Höre dabei auf dein Gefühl, verfolge dein Ziel mit hoher Emotion und lasse dich nicht entmutigen, wenn andere dir sagen, das Ziel sei nicht zu erreichen oder habe die falsche Größe.

Fast alle erfolgreichen Menschen, die Napoleon Hill (Think and Grow Rich) in seiner 30-jährigen Forschung untersuchte, gaben an, dass sie auf dem Weg zum Erfolg gewaltige Hindernisse und Rückschläge einstecken mussten. Alle sagen, dass der Erfolg gerade dann kam, als sie angesichts einer Katastrophe, die über sie hereinbrach, mit klarer Vision und hohen Emotionen weitermachten, immer den Kompass in Richtung Zielhafen gerichtet.

Gestärkt aus der Krise

Die Sinngebung und die Akzeptanz des Unglückes oder der Widrigkeit, die du erfahren hast, sowie die Fähigkeit, Krisen und Rückschläge als Anlass für die eigene Weiterentwicklung zu nehmen, sind wichtige Faktoren zu deiner psychischen Widerstandsfähigkeit, die auch Resilienz genannt wird.

Menschen mit hoher Resilienz lassen sich in Krisen nicht so schnell unterkriegen. Im Gegenteil, sie haben das Gefühl, dass das Leben großzügig mit ihnen umgeht. So reagieren sie flexibel und ruhig, wo andere ohnmächtig oder gelähmt sind. Sie erleben belastende Situationen als Herausforderung zum Wachsen und erholen sich schneller von Schicksalsschlägen oder Niederlagen. Sie alle haben Phasen der Niederlagen, der Enttäuschungen und schwierigen Situationen erlebt.

Resilienz ist keine besondere Begabung, sie ist erlernbar. Dafür ist es wichtig, eine engere Beziehung mit dir selber zu führen, deinem

Leben Sinn und Richtung zu geben. Wenn du gerade in einer Lebenskrise oder einer anderen schwierigen Situation steckst, ist es hilfreich, mit der Sinnfrage zu beginnen.

Frage dich: „Was kann ich aus der aktuellen Widrigkeit für mich lernen? Was ist das „Geschenk" in dieser Geschichte?" Es mag Schicksalsschläge geben, bei denen du sehr lange überhaupt keinen Sinn findest. In der akuten Phase geht es zunächst darum, den Schmerz zuzulassen und nicht zu verdrängen. Erst wenn du bereit dazu bist, dich weg vom Schmerz mit dem Fokus auf das Positive zu bewegen, ist es Zeit, die Suche nach dem Sinn dahinter bewusst zu starten.

Übung: Resilienz stärken

Bei dieser Übung geht es darum, dass du das Erlebte als Chance siehst und in dein Leben integrieren kannst. Wenn dir das gelingt, kannst du künftig Krisen besser bewältigen.

An dem Punkt, wo du anfängst, Positives zu sehen, wird die Häufigkeit deines Schmerzes nachlassen. Und wenn du, das hoffe ich natürlich, gerade nicht in einer Krise steckst, kannst du anfangen, an kleinen Beispielen das Denkmuster zu üben und deinen Blick auf das Positive zu richten.

Überlege dir, wo du vor kurzem Pech hattest, z. B. den Zug verpasst hast und dadurch zu spät zu einem Termin gekommen bist, oder du genau in deinem Urlaub zwei Wochen mit Grippe im Bett verbringen musstest oder du einen Strafzettel für falsches Parken erhalten hast.

Es ist sinnvoll, mit kleinen Sachen zu beginnen. Mache ein Brainstorming zu dieser Situation. Nimm ein Papier und einen Bleistift in die Hand, schreibe auf das Blatt: Was kann ich aus der Situation für mich lernen? Was ist das „Geschenk" oder das Positive darin?

Schreibe dann fünf Minuten lang (stelle dir einen Timer) alles auf, was dir dazu in den Sinn kommt. Streiche keinesfalls Einfälle und Ideen, die dir komisch vorkommen. Du musst ja dein Schreibwerk niemandem vorlesen. Wenn es dir schwerfällt, auf Ideen zu kommen, frage dich, was du deiner Freundin oder deinem Freund aufzeigen würdest, wenn sie oder er zu dir kommt und dir ihre oder seine „Geschichte" erzählt. Manchmal ist es leichter, das Positive in einer verfahrenen Situation zu sehen, wenn du dir überlegst, was du denkst, wenn das Unglück jemand anderem passiert wäre.

Die Resilienzforscher fanden heraus, dass nebst einigen anderen Fähigkeiten, die eine gute Resilienz ausmachen, vor allem die Haltung, Krisen bewusst als Chancen zu begreifen, der zentrale Faktor ist, um die Lebensumstände wesentlich besser bewältigen zu können. Und je häufiger du die Erfahrung machst, einem widrigen Umstand etwas Positives abzugewinnen, daraus zu lernen und als Mensch zu wachsen, desto leichter fällt es dir, mit Niederschlägen umzugehen.

Das ist unter anderem der Grund, warum manche Menschen Druck und hohen Belastungen besser standzuhalten scheinen als andere und dabei immer noch leistungsfähig sind. Diese resilienten Menschen leugnen die Wirklichkeit und die damit verbundenen unangenehmen Gefühle des Ärgers oder der Trauer nicht. Sie akzeptieren und analysieren die Umstände und nehmen das Positive für sich aus der schlimmen Situation mit.

Dem Zufall machtlos ausgeliefert?

Also ist alles, was ich in meinem Leben tun muss, positiv denken, jeder Widrigkeit etwas Positives abgewinnen und immer schön lächeln?

Die Antwort heißt: Wenn du dich weiterentwickeln und etwas verändern willst, dann ist das Annehmen deiner Wirklichkeit unabdingbar. Dabei ist es wichtig, das Prinzip von Ursache und Wirkung für dein persönliches Leben zu verstehen. Das ist ein unumstößliches Naturgesetz, das besagt, dass jeder Auswirkung eine vorangegangene Ursache zugrunde liegt.

Deshalb hat auch jede Situation, in der du gerade steckst, eine vorangegangene Ursache. Das Gesetz von Ursache und Wirkung hat dich in diese Lage gebracht – bewusst oder unbewusst. Also kannst du mit dem gleichen Prinzip, wenn du verstanden hast, wie es funktioniert, etwas an der Situation ändern. Du kannst selbst Einfluss auf dein Leben nehmen, denn es ist nicht der Zufall, der dir diesen Umstand herbeigeschafft hat, sondern das Prinzip von Ursache und Wirkung.

In der heutigen schnelllebigen Welt tendieren wir häufig dazu, ein Ereignis einfach mal schnell als Zufall abzutun und den Zufall für unsere Misserfolge oder Erfolge verantwortlich zu machen. Somit haben wir ja schon wieder einen Schuldigen gefunden, nicht wahr?

Wenn du aber den Zufall vorschiebst, machst du dich zur Marionette in deinem Leben. Du lässt die Umstände einfach über dich ergehen.

Denn du bist ja dem Zufall machtlos ausgeliefert. Wer denkt, dass er nichts dafür kann und die Situation, in der er sich befindet, einfach Zufall ist, macht einen großen Fehler. Er macht sich abhängig vom Zufall.

Der Zufall existiert lediglich in unserem Kopf. Wenn du dir nicht die Mühe machst, nach den Ursachen zu suchen, ist das die einfachste und bequemste Erklärung.

Wenn du jedoch verstehst, dass jeder Wirkung eine Ursache vorausgeht, verstehst du, dass auch der sogenannte Zufall immer auf eine Ursache zurückzuführen ist. Was dir als Zufall erscheint, ist einfach ein Ergebnis, deren Ursache du nicht kennst. Wenn du die Ursache aber nicht kennst oder nicht danach suchst, heißt das noch lange nicht, dass es keine gibt. Also kannst du davon ausgehen, dass es den Zufall gar nicht gibt.

Oder hast du dir schon mal einfach per Zufall die Zähne geputzt oder bist einfach per Zufall zur Arbeit gegangen? Oder hast du schon mal per Zufall die Bestnote in einer Prüfung geschrieben? Oder eine Rede vor einem Publikum gehalten? Du siehst, nicht eine Sekunde hast du dem Zufall zu verdanken. Es ist also Zeitverschwendung, dem Zufall einen großen Platz einzuräumen. Denn es gibt keinen Zufall. Punkt. Amen. Aus.

Die Ursache ist der Kern, den wir betrachten müssen, um die Auswirkung eines Schicksals oder auch eines Erfolgs zu verstehen.

Also jede AusWIRKUNG ist das Ergebnis einer vorangegangenen Handlung. Handlung = Ursache. Dies kann sowohl eine Denkhandlung wie auch eine physische, eine sichtbare Handlung sein. Du bist müde und gehst schlafen. Das ist Ursache/Wirkung. Du hast Hunger und gehst essen. Ursache/Wirkung. Du stinkst und gehest duschen. Oder mindestens hoffe ich das für deine Umwelt. Und genauso entspricht dies der Ursache/Wirkung.

Im physischen Bereich besitzen wir alle das Verständnis von Ursache und AusWIRKUNG. Analog dazu gehe ich davon aus, dass das Denken derselben Gesetzmäßigkeit folgt. Unsere Gedanken sind die Ursache. Unsere Gedanken bringen den Stein ins Rollen. Und jetzt erahnst du auch, was es wirklich mit den positiven Gedanken auf sich hat.

Das gilt erst recht für die gesprochenen Gedanken, unseren Worten. Denkst du z. B. „Hochnäsige Tussi", sagst du „Hochnäsige Tussi", wird dein Gegenüber auch eine „Hochnäsige Tussi" sein und sich dir gegenüber wie eine verhalten.

Alle, die momentan für sich selbst eine nicht erklärbare „Pechsträhne" erleben, trifft diese Aussage ziemlich sicher wie ein Blitz. Diejenigen, die vom „Glück" getragen sind, haben nun endlich die Erklärung: Erfolg ist steuerbar!

Und jedem Erfolg oder Misserfolg ging ein Gedanke voraus, der die Umstände(!) erst entstehen ließ. Und diese Umstände sind die Ursache für weitere AusWIRKUNGEN.

Es gibt also eine Kettenreaktion, die sich nach dem Kausalitätsprinzip erklären lässt. Am Ende steht Erfolg oder Misserfolg. Auch ein MissERFOLG ist übrigens ein Erfolg. Deshalb ist es gefährlich, einfach zu sagen: „Ich möchte erfolgreich sein." Womit möchtest du erfolgreich sein? Du kannst auch erfolgreich ein Verlierer sein. Oder du kannst erfolgreich jeden Morgen den Zug verpassen. Erfolg ist das, was ERFOLGt. Aber die Frage, die du dir jetzt wahrscheinlich stellst, ist: „Wie kann ich das Prinzip von Ursache und Wirkung positiv für mich nutzen?"

Indem du ab heute deine Entscheidungen und Handlungsabsichten beobachtest, schulst du mit der bloßen Beobachtung deine bewusste Wahrnehmung. Immer, wenn du eine Entscheidung triffst, stelle dir zwei Fragen: „Wie sehen die Folgen dieser Entscheidung, dieser Gedanken oder dieser Handlung aus?" Bringt diese Entscheidung für mich und jene, die davon betroffen sind, Glück und Erfüllung? Frage dein Herz um Rat und lasse dich von seinem Zeichen – dem Wohlbehagen oder Unbehagen – leiten.

Dass ich mich mit genau diesen Zusammenhängen und Gesetzen, der bewussten und unbewussten Denkfehler und der bewussten Kraft der Vorstellung, so intensiv auseinandersetzte, dass ich in diesem Fach eines Psychologie-Studiums mit Bestnote hätte abschließen können, fiel mir erst viele Jahre später auf, nachdem sich das Schicksal entschlossen hatte, mir nochmals eine Lehre zu erteilen.

Kapitel 5
Wenn der Säbelzahntiger das Leben bedroht: Angst und Panik als Ergebnis von falschen Verknüpfungen

Der Umweg

Meine Heilung nach dem Unfall ging zunächst gut voran. Nach vier Monaten konnte ich auch wieder arbeiten gehen. Endlich! Die Decke wäre mir bald auf den Kopf gefallen, und ich wollte meine Krücken schon lange in die Ecke stellen. Jetzt ging es vorwärts.

An einem schönen Oktobernachmittag, kurz vor meinem Geburtstag, merkte ich auf der Arbeit plötzlich, dass etwas mit meinem linken Bein nicht stimmte. Es fühlte sich beim Laufen so komisch an und stach mich bei jedem Schritt in die Leiste, als ob mich jemand mit einem ganzen Nadelbündel gestochen hätte. Am Anfang nur leicht, dann wurden die Schmerzen immer heftiger.

„Zum Glück ist bald Feierabend", dachte ich. „Wahrscheinlich habe ich mich etwas überanstrengt und bin im Büro zu viel herumgelaufen", redete ich mir ein. „Ein bisschen die Beine hochlagern und ausruhen, dann wird's schon wieder."

Aber das war nur Wunschdenken. Auch am nächsten Morgen waren das komische Gefühl im Bein und der stechende Schmerz in der Leiste nicht verschwunden. Ich überlegte kurz, zur Arbeit zu gehen und von da aus das Krankenhaus anzurufen, entschied mich dann aber doch, direkt in die Notaufnahme zu fahren.

Der Assistenzarzt, der mich damals beim Unfall die ersten Momente betreut hatte, hatte gerade Dienst. „Was ist denn los mit Ihnen?", fragte er mich, als er mich auf dem Stuhl im Gang der Notaufnahme sitzen sah.

„Etwas ist komisch mit meinem Bein", sagte ich besorgt.

„Ja, dann werden wir mal schauen, Fräulein. Ich komm gleich."

Eine halbe Stunde später lag ich bei ihm im Behandlungszimmer auf der Krankenliege.

„Welches Bein ist es denn?", fragte er.

„Das linke", entgegnete ich.

Ohne nochmals nach zu fragen, was denn passiert sei mit dem Bein, nahm er meinen Fuß in die Hand und drehte das komplette Bein mal links, mal rechts und schob es mit aller Kraft in Richtung meines Kopfes, so dass ich bald mein Knie küssen konnte.

„Aua!", schrie ich. Und nochmals: „Auuuaa!"

„Tut das weh?", fragte er ungläubig.

Nein, gar nicht. Ich schnappe nur spaßeshalber nach Luft, sprach ich mit mir selber. Und ehe ich sagen konnte „Ja, es tut verdammt weh", nahm er das Bein nochmals und streckte es in Richtung Himmel, immer weiter. Mein Körper fing bald an zu schweben, weil ich dem Schmerz irgendwie ausweichen wollte und ich dem Bein, welches immer weiter Richtung Decke ragte, in eine Kerzenhaltung folgte.

„Es ist alles okay", sagte der Assistenzarzt plötzlich und ließ mein Bein los.

„Auaaa!" Ich kann das Bein doch nicht alleine halten, du Blödmann, wetterte ich innerlich.

„Was ist alles okay?", fragte ich empört.

„Laufen Sie mal noch ein paar Schritte hin und her, und dann können Sie gehen."

„Gehen? Wohin?"

„Ja, nach Hause, Fräulein. Ich kann nichts sehen, was nicht in Ordnung wäre."

Ich lief vor seinen prüfenden Blicken noch einmal das Behandlungszimmer rauf und runter. Ich sank bei jedem Schritt ein und schaukelte wie Teleboy dem Strich am Boden entlang.

Für die Nicht-Schweizer oder jüngeren Leser zur Aufklärung: „Teleboy" war eine der erfolgreichsten Unterhaltungsshow des Schweizer Fernsehens in den siebziger Jahren. Das Markenzei-

chen der Sendung, die durch Kurt Felix moderiert und später durch „Verstehen Sie Spaß" bekannt wurde, ist ein Maskottchen, der hin- und herwackelnde und singende Teleboy.

„Hmmm, vielleicht machen wir zur Sicherheit doch noch eine Röntgenaufnahme", kam dem Schlumpf, so hieß der Assistenzarzt, die Blitzidee.

Nachdem ich wieder ins Behandlungszimmer gehumpelt war, um das Röntgenresultat zu besprechen, war der Assistenzarzt verschwunden. Dafür stand der Oberarzt, der schon meinen Fuß in ein Zauberflickwerk verwandelt hatte, mit ernster Miene beim Leuchtkasten, an dem das Röntgenbild hing.

„Fräulein, Ihr Bein ist an derselben Stelle erneut gebrochen. Und zwar mitsamt der Metallplatte, die wir am Knochen fixiert haben."

Mir wurde schwindelig und schlecht. „Wie ist das denn möglich?", protestierte ich gegen diese Aussage.

„Schauen Sie, Sie hatten einen ziemlich komplizierten Bruch, da der Knochen an zwei verschieden Stellen gebrochen war. Die beiden Frakturen mussten wir unter Kompression an die Metallplatte schrauben. Das ist nicht ganz einfach, und selbst wenn es perfekt zusammenpasst, ist es nicht garantiert, dass es nicht wieder brechen kann."

Ich hörte nur noch wie durch Watte. Das bedeutete für mich, das ganze Prozedere ging von vorne los. Ich verlor wieder den Boden unter den Füßen – im sprichwörtlichen Sinne. Vier weitere Monate, in denen ich mich nur mit den Stöcken fortbewegen konnte.

Jetzt, wo ich endlich wieder zur Arbeit konnte. Jetzt, wo ich wieder anfangen konnte zu leben.

„Aber weshalb haben Sie mir nicht gesagt, dass dies so ein schwieriger Bruch war? Hätte ich gewusst, dass die Gefahr besteht, dass der Knochen unter diesen Umständen nochmals brechen kann, wäre ich vielleicht etwas vorsichtiger gewesen, Herr Doktor. Und ich hätte mein Lauflerntraining nicht so forciert. Ich hätte bei der Arbeit vielleicht mal jemanden um Hilfe gebeten, die Kisten mit Ordner für mich in den Keller zu versorgen. Ich wäre vielleicht nicht so viele Treppen gelaufen und hätte mehr den Lift genommen", entgegnete ich frustriert.

„Sehen Sie, wir wollten gar nicht, dass Sie vorsichtig sind. Der Knochen muss das aushalten können. Sonst wäre es Ihnen einfach später passiert, und dann wäre es noch viel schlimmer gewesen."

Am nächsten Morgen wurde ich prompt operiert. Die Operation am Beinbruch an sich verlief recht schmerzlos. Am meisten tat die Knochenentnahme weh. Eine feingliederige Knochensubstanz wurde dem Beckenknochen entnommen. Im Fachjargon heißt sie Spangiosa.

Dieses schwammartige Knochennetz wurde rund um die Fraktur gelegt, sollte eine schnellere Verschmelzung der Knochen ermöglichen und den Bruch zusätzlich stabilisieren. Die Hüfte war durch die Entnahme dieser Knochenbälckchen noch Monate später schmerzhaft und druckempfindlich.

Nachts seitlich liegen ging nur noch auf der rechten Seite. Aber da nun auf dieser Seite ebenfalls dieses Wunderknochenpflasternetz

*entnommen wurde, schlief ich fortan in der Schnarchposition,
auf dem Rücken.*

*„Herr Doktor, wenn ich das Bein nochmals breche, woher neh-
men Sie dann die Spangiosa, um den Bruch zu reparieren?", fragte ich, als ob ich ein Medizinstudium absolviert hätte. Die Span-
giosa-Knochenbälckchen wachsen nicht nach und meine beiden
Hüftknochen wurden ja bereits beraubt.*

*„Hmhm, dann gäbe es nur noch die Möglichkeit, die aus dem
unteren Rückenmark zu entnehmen. Aber Sie möchten ja Ihr
Bein nicht noch ein drittes Mal brechen, nicht wahr?"*

*„Nein", entgegnete ich. „Ich habe nicht vor, noch mal hierher
zu kommen, und ich möchte auch nicht im Kopfstand schlafen
müssen in Zukunft", grinste ich ihn an.*

Es ging mir psychisch recht gut, und ich konnte schon wieder wit-
zeln. Aber der Kontrollverlust und die Erfahrung, dass mein Körper
verwundbar ist, sollte mich in den nächsten Jahren noch beschäftigen. Man hat ja selber immer das Gefühl, dass einem nichts passieren
kann. Nur den anderen passieren solche Schicksalsweisungen. Mein
Vertrauen in den eigenen Körper hatte gelitten, und die Unsicherheit,
ob nun alles okay war, nahm zu.

Das Schreckgespenst

Ungefähr eineinhalb Jahre später passierte es.

Ich war schon längst an meinen Arbeitsplatz zurückgekehrt. Der Unfall beschäftigte mich nicht mehr Tag ein Tag aus. Ich war sehr dankbar, dass sich mein Chef dafür eingesetzt hat, dass ich aufgrund meiner monatelangen Ausfälle nicht entlassen wurde.

Ich arbeitete in einer kleinen IT-Firma mit zehn Mitarbeitern und jede fehlende und dennoch kostende Arbeitskraft war ein Rückschritt in der Unternehmensentwicklung. Ich habe dennoch die Chance bekommen, nach meiner kompletten Gesundung zurückzukehren und mich sogar in ein neues Arbeitsgebiet einzuarbeiten.

Mein Herzenswunsch war es immer schon gewesen, im Marketing oder in der Werbung zu arbeiten. Die Firma war zwar klein, da gab es keine eigene Marketing- oder Werbeabteilung, aber mein Chef gab mir eine Chance und bot mir eine Stelle an, in der ich Verkaufs- und Marketingaufgaben erledigen sollte. Ich nahm das Angebot sofort und voller Enthusiasmus an.

In unserem ersten wöchentlichen Meeting passierte es: Wir, die anderen Verkäufer, ich und der Chef, gingen gerade den Sales-Forecast durch, als es in meinem Herz plötzlich wie wild zu pochen anfing. Ich sprang auf. „Wasser, schnell, Wasser", war mein erster Gedanke. Ich hechtete über den Tisch, schnappte mir ein Glas und schenkte mir mit zittrigen Händen ein stilles Mineralwasser ein.

Ich musste mich konzentrieren, dass ich nichts danebenschüttete. Ich hörte alles nur noch wie durch Watte und fing an zu schwitzen, als wäre ich seit einer Stunde in der Sauna gewesen. Während die anderen weiter diskutierten und ich das Verkaufsprotokoll schreiben sollte, fing es links neben meinem Solarplexus immer schneller an zu hämmern und mir wurde übel.

Ich leerte hastig das Wasserglas, aber es nützte nichts. Ein Moment lang schien mein Herz stehen zu bleiben. Aber dann fing es an nur noch schneller zu schlagen, wie eine Dampflocke auf vollen Touren. Mein Herz drohte zu explodieren und raubte mir den Atem. Was in aller Welt passierte mit mir?

„Entschuldigung, mir ist schlecht, ich muss auf die Toilette", verabschiedete ich mich total benommen aus der Sitzung. Der Boden unter mir fühlte sich an wie eine Gummimatte, über die ich beinahe schwerelos schwebte. Schnell auf die Toilette. Mir war kotzübel. Ich hatte das Bedürfnis, meinen Kopf und meine Hände stundenlang unter das eiskalte Wasser zu halten.

„Ist alles in Ordnung, Fräulein Petra?", hörte ich meinen Chef an die Tür klopfen.

„Ja, ja", presste ich atemlos heraus. Ich drohte zu ersticken und japste nach Luft. Ich dachte, ich falle in Ohnmacht, ich sterbe, jetzt hier auf der Toilette. Ich setzte mich auf den Toilettenrand und versuchte meinen Atem zu kontrollieren. „EEIIIN, AUUUUS, ganz langsam", redete ich mir zu.

Plötzlich wurde mir eiskalt, ich fing an zu zittern, wie ein Blatt Papier in einem Luftwirbel. Vor fünf Minuten war mir noch so heiß, dass mir der Schweiß über die Stirn gelaufen ist. Und jetzt fror ich am ganzen Körper. So ein unkontrolliertes Schlottern hatte ich bis anhin nur einmal erlebt, als ich aus der Narkose aufgewacht war. Ich schien verrückt zu werden, was passierte da mit mir?

Allmählich fing mein Puls an sich zu normalisieren, aber das Schlottern wollte nicht aufhören. Als ich wieder einigermaßen klar denken konnte, ging ich aus der Toilette direkt in das Büro von meinem Chef. Die Sitzung war in der Zwischenzeit beendet.

„Chef, mir ist überhaupt nicht gut, ich friere und mir ist übel. Ich gehe nach Hause und lege mich unter die Decke."

Mein Chef zeigte Verständnis und wünschte mir gute Besserung.

Zuhause angekommen, kroch ich ins Bett, kuschelte mich in die Embryostellung und lauschte meinen Körperfunktionen, die sich Gott sei Dank wieder ruhig verhielten. Mein Anfall war vorüber, nur das Schlottern nahm ich noch subtil wahr und mir war ein bisschen flau im Magen.

Das war auch kein Wunder, denn der Schrecken steckte mir noch in den Knochen. Ich hatte gerade Todesangst erlebt. Dass sich eine Grippe so ankündigt, hatte ich noch nie erlebt. Oder hatte ich etwas Schlechtes zu Mittag gegessen? Was, wenn ich wirklich ein medizinisches Problem hätte? Die Gedanken kreisten weiter, bis ich schlussendlich einschlief.

Am nächsten Morgen stand ich auf, wie wenn nichts passiert wäre. Die körperlichen Symptome waren weg, die Todesangst auch. Ich fühlte mich topfit. „Der Horror ist vorbei", dachte ich.

Aber ich sollte mich täuschen. Er hatte erst begonnen.

Das Schreckgespenst, wie ich es nenne, kam ungefähr zwei Wochen später wieder. An einem schönen Wochenende beschlossen mein damaliger Freund und ich einen kleinen Ausflug auf die Rigi, einen Berg in der Nähe unseres Wohnorts, zu unternehmen. Die Idee entpuppte sich als Desaster. Wir fuhren mit der Zahnradbahn auf die Rigi – die Königin der Berge. Ich liebe die Berge und die mystische Ruhe, die von ihnen ausgeht.

Bereits nach ein paar Metern des Aufstiegs merkte ich plötzlich ein beklemmendes Gefühl im meiner Brust, der Atem stockte, meine Hände fingen an zu kribbeln, mein Mund fühlte sich so trocken an wie die Wüste Sinai. Schnell, Luft. Ich riss das kleine Fenster auf und fächerte mir frische Luft von draußen zu. Ich hoffte, es beobachtete mich niemand. Jetzt nur nicht peinlich auffallen inmitten dieser Menschenmenge.

Aber diese Gendanken ließen mich nur noch mehr nach Luft ringen. Ich fing an zu hecheln. Nur noch raus hier, das war alles, was ich wollte. Mein Herz fing an zu rasen. Ich merkte, wie mir das Adrenalin wie ein Tsunami durch die Adern flutete. Mein Freund hielt meine klatschnasse Hand. „Alles gut? Wir sind gleich oben", versuchte er mich zu beruhigen.

Ich konnte nicht mehr sprechen, meine Kehle war wie zugeschnürt. Ich war hilflos, wie gelähmt. Endlich, die Türen der Rigibahn sprangen nach einer schier nicht enden wollenden Fahrt auf. Schnell weg hier. Wie von der Tarantel gestochen rannte ich hinaus.

Ich rannte bis zur Bergwiese, wo die Kühe weideten. Da setzte ich mich auf einen Stein und schnaubte mit schneller und flacher Atmung vor mich hin. Mein Freund versuchte mich zu beruhigen. Ich schämte mich, wie ein tollwütiges Tier, vor ihm zu röcheln. Aber noch viel schlimmer war die Angst, ich könnte hier, jetzt gleich umkippen. Niemand hätte mir helfen können, da draußen in der Natur. Bis der Rettungshelikopter auf dem Berg landen würde, wäre ich längst gestorben.

„Was ist denn los mit dir?", fragte mein Freund besorgt.

„Ich weiß auch nicht, ich kriegte keine Luft da drin, in der Zahnradbahn. Mir wurde schwindelig und schlecht, aber jetzt geht es wieder besser", versuchte ich meine Attacke herunterzuspielen. Ich merkte, je mehr ich mit ihm sprach, desto ruhiger wurde meine Atmung. Mein Herzschlag verlangsamte sich allmählich, und mein Herz fing wieder an im Takt zu schlagen.

So etwas wollte ich nie, nie mehr erleben, und ich beschloss, gleich morgen früh zum Arzt zu gehen, um mich untersuchen zu lassen. Früher als Kind hatte ich einen tiefen Blutdruck, der mir oft einen Schwindel bescherte. Vielleicht war es ja so etwas. Etwas ganz einfach Erklärbares, versuchte ich mich selber zu beruhigen.

Gerade noch davongekommen

Am nächsten Morgen rief ich in der Arztpraxis an und ließ mir gleich einen Termin für 11.00 Uhr geben. „Prima, dann kann ich nach dem Arztbesuch immer noch in die Arbeit gehen", dachte ich.

„Sie können gleich in das Behandlungszimmer gehen", wies mich die freundliche Arztassistentin an, als ich in die Praxis kam.

„Ah, das Fräulein Petra? Seit dem Unfall habe ich Sie nicht mehr gesehen. Geht es Ihnen gut?", fragte der Arzt schon, als ich im Türrahmen stand.

„Ja, eigentlich schon", entgegnet ich und begrüßte den Herrn Doktor.

„Was heißt eigentlich?", schaute mich der Arzt fragend an.

„Ich habe zweimal so einen komischen Anfall gehabt. Ich habe keine Luft mehr gekriegt, und mein Herz raste wie ein aufgeschrecktes Tier."

„Ja, dann setzen Sie sich auf die Liege da drüben, wir wollen mal sehen.“

Untersuchungen beim Arzt haben immer etwas Angespanntes. Es überfällt mich eine leicht innere Unruhe, schon ausgelöst durch den Medizinduft, der wie eine Wolke in der Praxis umherschwebt.

„Ihr Blutdruck ist schon ziemlich hoch. Hundertsiebzig zu Hundertzehn“, murmelte der Doktor, als das Blutdruckmessgerät das Resultat ausspukte. Er hörte mein Herz und die Lunge ab. „Es ist nichts Abnormales zu hören“, ließ er mich schon mal wissen.

Er schloss mich noch für fünfzehn Minuten an ein EKG-Gerät an, und als dieses ebenfalls unauffällig war, gab er Entwarnung. „Einzig Ihr hoher Blutdruck macht mir Sorgen. Ich schlage vor, ich gebe Ihnen mal einen leichten Betablocker mit und Sie messen Ihre Blutdruckwerte eine Woche lang jeden Morgen nach dem Aufstehen und einmal am Abend. Vielleicht sind Sie ein bisschen gestresst im Moment.“

Nach einer Woche stand ich wieder in der Praxis. Der Arzt war zufrieden, das Blutdruckmittel schien zu wirken. Meine gemessenen Werte zu Hause waren durchaus im Normbereich, und so entließ er mich wieder in die Freiheit.

Nie wieder Gondelbahn

Drei Monate vergingen, ohne Zwischenfall. Mein Herz blieb ruhig, und ich hatte die beiden Vorfälle schon fast vergessen. Ich war gerade mit meinem Freund umgezogen und plante eine Ausbildung zum eidgenössisch diplomierten Marketingplaner.

Ich hatte die Schule bereits ausgewählt, mich angemeldet und auch die Bestätigung erbracht, dass ich gegenwärtig einen Job ausübte, der hauptsächlich Aufgaben im Verkauf oder Marketing gewidmet war.

Ich musste eine Stellenbeschreibung und ein Organigramm mitsenden. Bis zu diesem Tag hatten wir in der Firma nicht mal ein Organigramm gehabt. Mein Chef machte es dann aber auch gleich zu meiner Aufgabe, eines zu erstellen.

Ich freute mich auf meine neue Aufgabe die im Frühjahr beginnen würde – mit dem Wissen, dass es eine anstrengende Zeit werden würde. Aber mein Leben ging wieder vorwärts, und ich war so wissbegierig, dass ich es kaum abwarten konnte, die Schulbank zu drücken.

Zuvor fuhren wir aber noch in meine geliebten Skiferien. Wir hatten ein gemütliches Hotel in Samnaun an der schweizer/österreichischen Grenze gebucht. Von da aus gelangte man bequem mit dem Hotelbus und der Seilbahn ins Skigebiet.

Am ersten Tag war das Wetter nicht so gut, also entschieden wir uns, erstmal die schöne hoteleigene Wellnessanlage zu testen. Ich lag entspannt auf dem Liegestuhl in der Ruhezone und las ein Buch. Zwischendurch dachte ich an den morgigen Tag, denn der Wetterbericht hatte einen fantastischen wolkenfreien Himmel vorausgesagt. Ein idealer Skitag also.

Plötzlich bemerkte ich, wie das komische beklemmende Gefühl wieder in mir hochsteig. Das Schreckgespenst war wieder da und zeigte sich einmal mehr von seiner nackten Seite und mit uneingeschränktem Programm. Es würde mich fortan noch viele Jahre begleiten. Die Fahrten ins Skigebiet mit der Luftseilbahn wurden für mich zum täglichen Alptraum, und ich wünschte mir nur eins: zu Hause in meinen vier Wänden zu sein. Der Skiurlaub war nur Stress für mich.

Es folgten viele weitere solcher Attacken – zu jeder erdenklichen Tageszeit, an jedem erdenklichen Ort. Ganz urplötzlich und aus dem Nichts war es wieder da, das Schreckgespenst. Ich meidete immer mehr Situationen, in denen ich befürchtete, dass es mich überfallen konnte.

Meine geliebten Skiferien waren also gestrichen. Auf die Berge ging ich nur noch zu Fuß, genauso wie ich statt des Aufzugs nur noch die Treppe nahm. Meine körperlichen Symptome fühlten sich so an, als ob es gleich mit mir zu Ende ginge. Diese körperlichen Beschwerden waren echt. So real, dass sie in mir eine Todesangst auslösten. Ich war mir sicher, dass ich an irgendeinem Herzproblem litt.

Das Schreckgespenst ist entlarvt

Ich konnte es gar nicht glauben, als ich nach dem vierten Anlauf bei einem Herzspezialisten gesagt bekam: „Gratuliere, junges Fräulein – mit Ihrem Herz können Sie auch zum Mond und wieder zurück, wenn Sie wollen. Was Sie haben, junges Fräulein, sind lediglich Panikattacken. Mit Ihrem Herz ist alles in Ordnung. Ihre intensiven Beschwerden kommen nicht aus einer körperlichen Dissonanz, sondern haben ihren Ursprung in einer Angststörung.“

Ich reagierte fast beleidigt. Wollte er mir sagen, ich sei verrückt? Ich war doch noch nie ein ängstlicher Mensch gewesen, weder früher als Kind, noch heute im Erwachsenenalter.

„Sehen Sie, bei einigen Menschen treten diese Symptome auf, ohne dass sie dabei Angst empfinden. Die Angst entwickelt sich oft erst später als Reaktion auf die unerwartete, unkontrollierbare und bedrohlich auftretende Panikattacke. Tatsache ist, dass es Ihrem Kopf entspringt, und es ist wichtig für Sie zu wissen, dass diese Symptome in Wirklichkeit keine Gefahr für Ihren Körper darstellen", erklärte mir der Arzt.

„Ich bin also ein Psycho", dachte ich, immer noch zweifelnd, als ich die Praxis verließ. Aber ich war auch erleichtert, dass mit meinem Herz anscheinend alles okay war. Das Schreckgespenst hatte, nach ungefähr drei Jahren, etlichen Arzt- und Notfallbesuchen, endlich einen Namen.

Dass mir das neue Wissen, dass sich das Schreckgespenst offensichtlich in meinem Hirn und nicht in meinem Herzen niedergelassen hatte, alleine nichts nützte, war mir spätestens nach meiner nächsten, nächtlichen Attacke klar.

Die Symptome, das Herz, das bis zum Hals klopfte, die feuchten Hände, die Rippen, die wie von einer unsichtbaren Kraft zusammengedrückt wurden, waren Wirklichkeit. Ich konnte mir noch lange einreden, dass dies nur von meinem Kopf gesteuert war und als Folge eine irrational gesteuerte körperliche Reaktion mit diesen Symptomen hervorrief.

Das Einzige, wobei mir die Diagnose des Herzspezialisten in diesen Momenten half, war, die Attacke besser auszuhalten. Ich wusste, es würde irgendwie vorübergehen. Aber die Angst vor dem nächsten Anfall blieb.

Wenn ich doch nur einen Ansatz gehabt hätte, den ich anpacken und mit meinem Verstand verstehen konnte. Ich konnte mir einfach nicht erklären, was für Ängste meine Panikattacken auslösten. Wovon fürchtete sich mein Körper? Einfacher wäre es gewesen, wenn ich „nur" Angst gehabt hätte, zum Beispiel vor Spinnen oder etwas, was man nachvollziehen kann.

Aber Panikattacken unterscheiden sich von der „normalen Angst", die jeder von uns schon erfahren hat. Ich empfand die Symptome, die ich während der Attacke erlitt, als lebensbedrohlich und hatte längst bemerkt, dass sich mein Vermeidungsverhalten immer weiter ausdehnte.

Ich mied Situationen, in denen ich potentiell einen Anfall kriegen konnte und womöglich nicht sofort medizinische Hilfe hätte bekommen können. Orte mit vielen Leuten, wie Kinos, Konzertsäle oder volle Restaurants waren für mich der blanke Horror. Nur nicht mich diesem Druck aussetzen.

Kommt die Panik? Kippe ich um? Keine Macht über meinen Körper zu haben, war für mich das Schlimmste. Dann blieb ich lieber zu Hause und ging der „Gefahr" im vornherein aus dem Weg. Ich entwickelte also neben meinen unerklärlichen Panikattacken auch noch eine Erwartungsangst und eine Agoraphobie obendrauf. Die Angst hatte längst begonnen, mein Leben zu bestimmen.

Angst vor der Angst

Einmal mehr beim Arzt, verschrieb er mir Psychopharmaka. Ich traute mich jedoch nicht einmal dieses zu nehmen. Ich beobachtete meinen Körper sehr genau, um schon frühzeitig eventuelle Anzeichen einer aufkommenden Panikattacke zu erkennen.

Ich befürchtete, wenn ich das Medikament nehmen würde, würde mein Körper vielleicht wieder mit irgendwelchen Symptomen reagieren, die ich nicht einzuordnen vermochte. So würde ich eine weitere Attacke herausfordern, anstatt sie zu vermeiden. Denn jede Veränderung meines Körpers hielt mich in Alarmbereitschaft. Dies führte dazu, dass ich selbst in angstfreien Zeiten nicht zur Ruhe kam und ständig angespannt war.

Die Angst vor der Angst war zu meinem ständigen Begleiter geworden. Ein Flugzeug zum Beispiel konnte meinen Körper bereits in Alarmbereitschaft versetzen, nur beim bloßen Betrachten eines Bildes von einem Flugzeug in einer Zeitschrift. Zu fliegen war überhaupt das Schlimmste für mich. Ich konnte Tage, wenn nicht Wochen zuvor nicht mehr richtig schlafen, wenn ich wusste, dass mir ein Flug in naher Zukunft bevorstand.

Mein damaliger Freund wollte mir unbedingt ein Seminar über Flugangst schenken, damit ich Vertrauen in die Fliegerei bekommen würde. Ich erklärte ihm, dass ich keine Angst hatte, dass der Pilot einen Fehler machen würde oder das Flugzeug abstürzen könnte. Ich hatte „nur" Angst, dass mir an Bord etwas passieren konnte, und bekanntlich ist in 15 Kilometer Flughöhe nicht gleich ein Krankenhaus um jede Ecke oder der Krankenwagen konnte mal eben schnell angefahren kommen.

Früher verstand man unter der Agoraphobie hauptsächlich die Platzangst, das heißt die Angst vor Menschenansammlungen und die Angst vor großen Plätzen. Heute bezeichnet man als Agoraphobie auch die Angst, in einer ungefährlichen Situation körperliche Symptome zu verspüren, die man als lebensgefährlich, bedrohlich oder als peinlich ansieht.

Dazu kommt die Angst, in solchen Momenten nicht aus der Situation flüchten zu können und der Situation ausgeliefert zu sein, oder die Kontrolle über sich zu verlieren, keine Hilfe zu bekommen, wenn man zum Beispiel einen Herzinfarkt kriegt.

Auf der Spur zur Überlistung

Ich war mir also meinen Ängsten, die ich aus der Panikattacke entwickelt hatte, sehr bewusst, auch wenn ich nicht wusste, wo der Ursprung dieser Ängste zu suchen war.

Ich verschlang damals alle auffindbaren Bücher, Filme und Dokumentationen zum Thema Angst und Panik. Ich besuchte Psychologie-Kurse und bildete mich in verschiedenen alternativ medizinischen Wissenschaften wie Touch for Health, Brain Gym, Kinesiologie und Selbsthypnose aus.

Durch NLP (Neuro-Linguistisches Programmieren) habe ich erstmals erfahren, dass Verhalten mit Hilfe von Denken und Sprache, auf Basis systematischer Handlungsanweisungen, veränderbar sind. Also musste ich meinem Hirngespinst eine andere Denke verpassen, um es zu überlisten.

Den Auslöser, der sich wie durch eine Hintertüre in mein Gehirn schlich, konnte ich nicht wirklich fassen. Ich wusste zwar, dass mit großer Wahrscheinlichkeit die gespeicherten Informationen im Zusammenhang mit meinem Unfall der Antrieb für meine Panikattacken waren. Es handelte sich also vermutlich um eine konditionierte (erlernte) Angst mit tiefliegender Ursache. Den Nährboden und den Auslöser der Panik konnte ich einfach nicht finden. Irgendetwas, dessen ich mir nicht bewusst war, schien mein Herz jeweils ganz fürchterlich zu erschrecken.

Ich bin ein Mensch, der gerne die Ursachen verstehen und nachvollziehen will, aber in diesem Fall fand ich keine Erklärung für das, was offensichtlich tief in meinem Unterbewussten saß. Aus lauter Verzweiflung und auf der Suche nach dem verursachenden Reiz versuchte ich es mit ein paar Sitzungen bei einer Psychologin. Die fing dann an, alles von meiner Kindheit her aufzurollen, was mich ziemlich nervte.

Versteh mich nicht falsch, ich finde die Arbeit der Psychotherapie, gerade bei Angstpatienten, sehr wichtig und nützlich. Vor allem, um den Vorgang solcher Reaktionen rational zu verstehen.

Aber ich wollte nicht in meiner Kindheit umherwühlen. Ich habe eine schöne Kindheit gehabt und konnte mir nicht vorstellen, mein Trauma da zu finden. Und was die Angst in meinem Körper anstellte, musste ich auch nicht mehr von vorne aufrollen, denn ich hatte mir schon sehr viel Wissen über die Funktionsweise des Gehirns und meines ganzen Körpers während eines Anfalls angeeignet. Also war die Psychologin der falsche Ansatz für mich. Ich wollte etwas praktisch umsetzen und keine Gesprächstherapie.

Auf Verstandesebene wusste ich, dass mein Gehirn in bestimmten Situationen im Schnellverfahren versuchte eine Einschätzung der Lage vorzunehmen. Zuerst werden die Eindrücke an den Thalamus geschickt. Der Thalamus liegt inmitten des Zwischenhirns, eine Art Zwischenlager, das die Sinnesreize durchlaufen, bevor sie an andere Hirnareale weitervermittelt werden.

Wenn der Thalamus die Situation nur schlecht beurteilen kann, schickt er die Sinnesreize vorsichtshalber auch in die Amygdala, das Angstzentrum des Gehirns. Die Amygdala ist nicht gerade für ihre Zurückhaltung bekannt. Sie feuert zuerst und analysiert erst später im Detail, ob eine Angstreaktion überhaupt angebracht ist.

Angst kann uns das Leben retten. Urmenschen zum Beispiel, die keine Angst vor dem Säbelzahntiger hatten, sind eher von ihm getötet worden. Urmenschen, bei denen das Angstprogramm funktionierte, überlebten und überlieferten den Angstprozess durch die Gene an uns.

Die Phobiker von heute sind also die Nachfahren der Angsthasen von damals. Bis zu 70% aller Panikursachen sind vererbt. Und jeder von uns hat angeborene Phobien – nur treten sie bei einigen Menschen stärker auf als bei anderen.

Bei akuter Bedrohung also schlägt die Amygdala im Hypothalamus Alarm. Der Hypothalamus ist das Steuerzentrum unseres vegetativen Nervensystems und schickt ein Notsignal an unsere Körperregionen, der die urinstinktive Kampf-oder-Flucht-Reaktion auslöst.

Durch diese angeborene Reaktion nehmen wir die Extremsituation in Sekundenbruchteilen wahr und entscheiden, ob wir der Gefahr noch entkommen können oder ob wir uns ihr stellen müssen. Dabei strömen die Stresshormone, das Adrenalin, flutartig in unseren Körper.

Wenn Adrenalin zu häufig in rauen Mengen in unserem Körper ausgeschüttet wird, kann es Schäden anrichten. Die möglichen Folgen, wenn ein Körper aufgrund von Kampf-oder-Flucht-Reaktionen ständig Adrenalin und Cortisol produzieren muss, zeige ich dir anhand von Anjas Fall auf.

So antwortet unser Körper auf stressauslösende Angstzustände

Anja, wie ich sie hier nenne, ist eine sehr engagierte, gebildete und liebevolle Mutter, die ich sehr zu schätzen weiß. Ihre Grundeinstellung ist stets lösungsorientiert und positiv. Doch Anja litt seit vielen Jahren unter Angst vor Kontrollverlust.

Ohne näher auf die spezifischen Ängste von Anja einzugehen, gab es im Alltag von Anja viele kleine potentielle „Gefahren", die zu einem subtilen Gefühl des Kontrollverlustes führten. Anja lebte dadurch täglich in vielen kleinen Kampf-oder-Flucht-Situationen, mit denen sie aber, wie sie dachte, einigermaßen gut leben konnte. Ihr Körper lief ständig auf Hochtouren, aber das merkte sie nicht mehr.

Einige Jahre vergingen, und als Anja von eitrigen und schmerzhaften Geschwüren am Rücken heimgesucht wurde, verband sie dies natürlich nicht mit ihrer Angst vor Kontrollverlust. Auch die ständigen grippalen Infekte und den chronisch gewordenen Husten nicht.

Eines Tages fühlte sie sich dermaßen erschöpft, dass sie sich nur schwer aus dem Bett schleppen konnte. Ihr Körper war wie ausgelaugt. Sie hatte keine Energie für die alltäglichen Dinge und musste ihren Mann bitten, zu Hause zu bleiben und die Kinder für die Schule vorzubereiten. Bei ihrer Arbeit meldete sie sich krank und ging wieder ins Bett, um zu schlafen.

Der Schlaf brachte jedoch auch nach Tagen der Ruhepause keine Besserung. Sie war kraftlos und fühlte sich jeden Tag noch weniger ausgeruht. Ihr Hausarzt meinte, dass sie wohl an einem Erschöpfungs-Burnout und einer Depression litt, und verschrieb ihr Ruhe und Antidepressiva. Aber Anja wusste, dass sie nicht depressiv war.

Ihr Chef empfahl ihr, zu einem Osteopathen zu gehen, den er persönlich sehr gut kannte. Anja nahm aus lauter Verzweiflung den Vorschlag wahr, ohne zu wissen, was ein Osteopath ist oder tut. (Die Osteopathie ist eine manuelle Therapieform, in der neben dem Bewegungsapparat auch die inneren Organe und der Kopf in die Untersuchung und Therapie miteinbezogen werden.)

Durch den Einfluss ihres Chefs erhielt sie sofort einen Termin. (Die guten Osteopathie-Praxen sind oft auf Monate hinaus ausgebucht.) Der kurzfristige Termin war ihr Glück, denn wie hätte sie in so einer Verfassung weiter leben sollen mit einer Familie und drei Kindern, einem Haus und Garten? Schließlich hatte sie noch einen verantwortungsvollen Teilzeitjob, den sie nicht wegen des Geldes, sondern mit erfüllender Hingabe machte.

In der Ostheopathie-Praxis wurde sie ausführlich nach ihren Beschwerden befragt. Anja erzählte von den körperlichen Symptomen, dem immer schlimmer werdenden Husten, den eitrigen Pickel und Zysten am Körper, ihren ständigen Erkältungen sowie ihrer burnoutähnlichen Erschöpfungszuständen und davon, dass sie morgens um neun bereits so fertig war, als ob sie den ganzen Tag hart gearbeitet hätte.

Der Osteopathin fiel beim Abtasten der verschiedenen Körpersysteme auf, dass Anja eine funktionelle Störung in der Nebenniere haben musste.

Als normalsterblicher Mensch würden wir beim Abtasten des Körpers nie auf so eine Idee kommen, aber ein guter Osteopath ist in der

Lage, durch die kleinsten körperlichen Spannungen und Bewegungseinschränkungen des Patienten die Störung zu erfassen, zu interpretieren und zu lokalisieren.

Anja konnte sich nicht vorstellen, was mit ihrer Niere nicht stimmten sollte, befolgte aber den Rat, sich von einem Internisten die Nebenniere anschauen zu lassen. Beim Internisten wurde bei ihr neben den normalen Bluttests auch eine Messung der Hormone mittels Speicheltest vorgenommen. Aus Urinproben wurde die Höhe des Neurotransmitters Adrenalin bestimmt.

Das Bild, das sich daraus ergab, deckte bei Anja tatsächlich eine schwere Nebennierenerschöpfung auf. Die Produktion von Cortisol, welches die Funktionsaufgabe der Nebenniere ist, war auf ein bedrohliches Minimum gesunken. Die Höhe des Cortisolspiegels im Körper war die Antwort auf das vorhandene Adrenalin im Körper. Der Körper benötigt viel Cortisol, um mit anfallendem Stress fertig zu werden, und schraubt die Cortisolproduktion weiter hoch. Das sind natürlich die optimalen Voraussetzungen für Kampf-oder–Flucht-Verhalten, wenn der Säbelzahntiger zugreifen will.

Nur bei Anja waren es die alltäglichen kleinen Dinge, die Angst vor Kontrollverlust, die sie in diesen Kampf-oder-Flucht-Modus versetzten. Und dieser Modus nützt herzlich wenig, wenn wir nicht in einer echten Gefahr stecken, sondern den ganzen Tag am Schreibtisch sitzen oder uns ärgern, weil wir an der Ampel stehen, wissend, dass wir zu spät kommen.

Durch die vermehrte Adrenalinausschüttung ist die Nebenniere veranlasst, immer mehr von dem Anti-Stresshormon Cortisol zu produzieren. Die exzessive Ausschüttung von Cortisol signalisiert dem Körper, dass er sich in großer Gefahr befindet.

Mit der Zeit stumpft diese negative Rückkoppelung jedoch ab, die Cortisolausschüttung wird nicht mehr ausgeführt und es entsteht ein hoher Cortisolspiegel im Körper, der den ganzen Tag über anhält. Besteht der Stress über einen langen Zeitraum, wird er zu einem chronischen Stress, der dazu führen kann, dass die Nebennieren sich erschöpfen und nicht mehr in der Lage sind, genügend Cortisol bereitzustellen. Genau das war bei Anja passiert.

Cortisol hat aber nicht nur die Aufgabe, das Adrenalin zu regulieren, sondern es wirkt auch stark entzündungshemmend und unterstützt das körpereigene Immunsystem. Fehlt Cortisol in ausreichendem Maß, kann das die Ausbreitung von Entzündungen fördern. In Folge wird auch das Immunsystem geschwächt, und Allergien und Krankheiten können entstehen.

Anja hatte insofern Glück, als dass relativ schnell erkannt und nachgewiesen werden konnte, dass sie nicht unter einer Erschöpfungsdepression, sondern unter einer Nebennierenschwäche litt.

Dieses Beispiel führt uns vor Augen, wie der Körper mit Stress umgeht und dass er, unter anderem durch Adrenalin, im Körper gespeichert ist. Daher wirkt er auch in Momenten, in denen du denkst, dass du gar nicht gestresst seist. In einhundert Prozent aller Fälle steckt hinter der Stressursache, die dich blockiert und krank macht, ein oder mehrere falsche Glaubenssätze.

Bei einem falschen Glaubenssatz glauben wir etwas, obwohl es nicht wahr ist. Sie sind begründet auf einem Missverständnis der Wahrheit. Falsche Bilder und Informationen sind in unserem Hirn und unserem Herzen gespeichert. Bei Anja könnte ein falscher Glaubenssatz, der die Angst vor Kontrollverlust hervorgerufen hatte, z. B. sein:

„Wenn ich bei meiner Arbeit versage, dann bin ich als ganzer Mensch ein Versager." Unser Körper reagiert auf solche Glaubenssätze mit Stresssymptomen, Angst oder Panik. In den nachfolgenden Kapiteln erzähle ich dir, wie du falschen und limitierenden Glaubenssätzen auf die Schliche kommst und wie ich selbst es geschafft habe, mich letztendlich von meinen ausgeprägten Panikattacken zu befreien.

Kapitel 6
Die geheime Wunderwaffe: Gedanken

Verändere deine Denkstruktur

Du kannst deinen Gedankenreflex so trainieren wie deinen Bizeps. Es ist deine Denkstruktur, die sich aus deinem Glauben, deinen Identifikationsmustern und Erfahrungen zusammensetzt. Sie entscheidet, ob du glücklich bist und alles erreichst, was du möchtest.

Viele Leute, die ich kennengelernt habe, denken, dass sie alles, was sie im Leben erreichen oder erreichen möchten, hart erkämpfen und erarbeiten müssen. Sie leben ganz nach dem Motto „Ohne Fleiß kein Preis" und wundern sich, weshalb sie es zu nichts bringen.

Man müsse sich das Recht auf Glück, Reichtum und ein schönes Leben mit langjähriger harter Arbeit verdienen, ist die gängige Meinung. Nur die, denen bereits ein Leben voller Reichtum in die Wiege gelegt wurde, nur wer schon von Haus aus einflussreich ist, hätte es einfach im Leben.

Hast du solche Denkmuster? Dann lass dir sagen: Das Leben ist nicht als Kampf gedacht. Es ist wichtig, dass du diese Wahrheit als allererstes in deinem Kopf verinnerlichst. Es gibt dazu genügend Beispiele, die beweisen, dass deine Herkunft nicht bestimmt, wer und was du bist.

Es sind deine gestrigen Gedanken, die bestimmen, wo du heute stehst. Ich habe dazu eine Geschichte für dich.

„Ein alter Mann lebte in den alten schwarzen Stadtteilen Detroits. Er wollte sich schon einige Male umbringen und sein von Kriminalität und Armut geprägtes Leben hinter sich lassen. Dieser Mann hatte zwei Söhne.

Sie wuchsen in ungeregelten und armen Verhältnissen auf, waren von einem Ort zum anderen gezogen. Die Mutter war schon früh verstorben. Brutalität in der Schule und unter den Jugendlichen war an der Tagesordnung. Ihr Alltag war in der Schule und auch zu Hause von Schlägen geprägt. Ihr jähzorniger Vater war arbeitslos und trank den ganzen Tag. Die Schule besuchten sie nur sporadisch.

Der eine Junge war, wie sein Vater, ein alkoholabhängiger, alleingelassener Junkie geworden. Der andere Junge war Verkaufsleiter einer angesehenen Firma geworden, war glücklich verheiratet und hatte zwei Kinder, die auf eine Privatschule gingen. Wie war das möglich?

Die beiden nun erwachsenen Söhne wurden unabhängig voneinander gefragt, weshalb sie geworden sind, was sie heute sind. Beide antworteten das gleiche: „Wie kann ich anders werden, bei so einem Vater?"

Diese Geschichte ist kein Einzelfall und zeigt: Glück hat, wer Glück denkt.

Denkblockaden als Folge destruktiver Glaubenssätze

Hast du gelernt, immer zuerst das Negative und die Nachteile in einer Sache zu sehen, wird dein Gehirn immer erst den Blick auf das Negative lenken.

In unserem Leben haben wir viele falsche Glaubenssätze verinnerlicht, die uns ständig hindern und limitieren. Wie gesagt ist ein falscher Glaubenssatz ein Satz, den wir fälschlicherweise für wahr halten.

Nur durch das Bewusstwerden solcher destruktiven Sätze und durch Training und die damit verbundene Erfahrung lernt unser Gehirn, Neues als richtig anzusehen und das alte Vertraute als falsch anzusehen. Viele Glaubenssätze sind tief verankert und in unserer Kindheit durch unsere Eltern als richtig vermittelt worden.

Manchmal haben wir unsere Glaubenssätze aber auch selbst gebildet, zum Beispiel, wenn wir uns als Kind nicht akzeptiert fühlten und das Gefühl hatten, niemand nehme uns Ernst.

Durch die Wiederholung einer bestimmten Situation oder eines Gefühls entsteht dann ein Glaubenssatz wie z. B.: „Ich bin nichts wert." Solche Glaubenssätze können ein Leben lang in unserem Kopf verharren.

Es können aber auch allgemeine Sprüche sein, wie z. B. „Ohne Fleiß kein Preis", „Ich habe zwei linke Hände", „Im Leben kriegt man nichts geschenkt" oder „Geld verdirbt den Charakter".

Wer Letzteres denkt, wird niemals ein prall gefülltes Konto besitzen. Höchstens die Zahl der Kontonummer ist hoch. Denn dein Unterbewussten schießt mit so einem Glaubenssatz bereits alles im vorn-herein in den Wind, was dir Geld bringen könnte. Wer will schon ein Charakterschwein sein? Dann lieber kein Geld auf dem Konto, sagt sich dein Unterbewusstsein.

Von diesen „klugen" Glaubenssätzen gibt es noch unzählige weitere. Du kennst ihn sicherlich auch, den ständigen inneren Dialog, diese pausenlosen inneren Selbstgespräche, in denen du unerbittliche harte Kritik zulässt, wie du sie keinem einzigen Freund direkt sagen würdest.

Ständig reden wir uns ein, etwas nicht zu können. Jeder kennt sie, die Sprüche, oft von den älteren Generationen ausgesprochen, dass es schon immer so war, oder umgekehrt, dass es noch nie so war. Wir re-den uns ein, dass wir sowieso nie Glück haben, oder dass wir vom Pech verfolgt sind. So limitieren und beschränken sich Menschen selbst.

Als ich mit meinem Freund in ein Wellnesswochenende fuhr und wir uns dem Ziel näherten, sahen wir weit in der Ferne ein klei-nes Bergdorf, in dem unser Hotel liegen musste. „Wir sind bald da. Lass uns als erstes etwas trinken gehen. Es gibt sicher einen Gastgarten. Ich könnte vor lauter Durst eine ganze Badewanne austrinken", hechelte ich.

Man konnte von weitem sehen, dass die eine Hälfte des Dorfes noch von der Abendsonne beleuchtet war. Die andere Hälfte des Dorfes lag bereits im Schatten der umliegenden Hügel. Da platzt es aus meinem Freund heraus: „Du wirst sehen, unser Hotel liegt ganz bestimmt im Schatten."

Ich sah ihn von der Seite an und fragte ihn: „Was ist das denn jetzt für eine Aussage?"

Eigentlich wollte er das gar nicht sagen, aber seine innere Stimme im Kopf hat einfach unüberlegt und laut drauflos gequasselt. Theoretisch bestand die Möglichkeit zu fünfzig Prozent, dass das Hotel tatsächlich im Schatten lag. Aber im Grunde schränke ich meine Vorfreude (die auch ein Glücksgefühl ist) auf einen gemütlichen Frischluft-Willkommensdrink doch mit solchen Gedanken und Aussagen bereits ein, bevor ich überhaupt weiß, was der Tatsache entspricht. Nur um am Schluss vor dem Hotel zu stehen und zu sagen: „Siehst du, habe ich es doch gewusst, dass das Hotel im Schatten liegt."

Was geht in so einem Moment im Kopf vor? Ein möglicher falscher Glaubenssatz könnte sein: „Ich habe sowieso immer Pech." Und so suchen wir unbewusst immer wieder die Bestätigung, dass unsere Glaubenssätze wahr sind, und verankern sie immer mehr in unserem Unterbewusstsein.

Das Hotel lag übrigens mitten im Dorf. Die Hälfte davon bereits beschattet und die andere Hälfte war noch besonnt.

Wenn solches Unkraut in unserm Kopf herumgeistert, werden wir dadurch in unseren Emotionen und Handlungen begrenzt, ausgebremst und kleingehalten. Sie lähmen uns und sorgen manchmal dafür, dass wir es uns lieber bequem machen, als einen Schritt zu wagen. Wir nehmen uns damit selber den Mut und den Willen, Neues zu entdecken. Obendrein machen solche limitierenden Gedanken mit der Zeit krank, da sie im Körper automatisch eine Stressreaktion auslösen.

Wie steht es um deine Denkhygiene? Ein bewusstes Bereinigen deiner limitierenden Gedankenmuster ist essentiell, um positive Erlebnisse und Ergebnisse in dein Leben zu ziehen. Du schenkst deinem Körper ja auch Sauberkeit und Körperpflege, um ihn attraktiv und gesund zu halten.

Von einigen deiner Denkblockaden kannst du dich zwar nicht auf Knopfdruck befreien, aber durch Selbstbeobachtung kannst du lernen, dir deine Gedanken wieder bewusst zu machen.

Unbewusste Lieblingssätze

Deine erste Aufgabe ist es deshalb, deinen unbewussten „Lieblingssätzen" auf die Schliche zu kommen. Wenn du sie betrachten und freilegen kannst, wird sich dein Leben verändern, indem du Genuss, Lebendigkeit, Freude und Erfolg in dein Leben ziehst.

Henry Ford (US-Automobilhersteller) hatte bereits treffend gesagt: „Ganz gleich, ob du denkst, etwas zu können oder nicht zu können. Du hast immer recht." Denn das, was du glaubst, nährst du Tag für Tag und machst es stärker und mächtiger. Denn auf das, woran du glaubst, richtest du deinen Fokus.

Bewusst oder unbewusst wird die Energie fokussiert, freigesetzt und manifestiert sich. Das ist das Gesetz der Resonanz, auch Gesetz der Anziehung genannt. Es besagt, dass Gedanken zur Realität werden. Das, woran du glaubst, wird sich immer wieder bestätigen, weil Gleiches, Gleiches anzieht. So schließt sich der Kreislauf. Du erinnerst dich sicher an das Kapitel, in dem ich erklärt habe, dass alles in unserem Leben Energie und Schwingung ist und die Energie der Aufmerksamkeit folgt.

Übung:
Falsche Glaubensmuster entlarven und durch neue ersetzen.

Es geht in erster Linie darum, deine falschen Glaubensmuster zu enttarnen und zu hinterfragen:

– *Welche Redewendungen benutzt du oft oder hast du oft von deiner Familie oder von deinen Freunden gehört? Schreibe dir deine Glaubenssätze und Überzeugungen auf und sei bereit, die bisherigen limitierenden Glaubenssätze zu hinterfragen. Finde heraus, wann sich dieser Satz unbemerkt in deinen Kopf geschlichen hat. Wie hast du dich gefühlt, als du diese Überzeugung verinnerlicht hast? Welche eigene Erfahrung hat dich dazu bewogen, ab einem gewissen Zeitpunkt so zu denken? Werde dir klar, wie dieser Glaubenssatz entstanden ist. Das Erkennen ist ein großer Schritt zur Umkehrung.*

– *Als Zweites gehst du hin und sammelst „Beweise", die dir das Gegenteil aufzeigen. Zum Beispiel wenn du den Glaubenssatz verinnerlicht hast: „Man kriegt nichts geschenkt im Leben", dann erinnere dich jetzt daran, wann du etwas geschenkt bekommen hast. Zum Beispiel den Wurstabschnitt beim Metzger, als du noch Kind warst. Das morgendliche Croissant, das dein Lehrmeister mitgebracht hat. Das Lächeln der Bedienung an der Theke. Die Sammelpunkte im Supermarkt, die dir ein netter Mensch an der Kasse geschenkt hat. Etc., etc.*

Formuliere dann deinen Glaubenssatz neu. Passend zum obigen Beispiel könnte die Umkehrung so lauten: „Das Leben beschenkt mich immer wieder aus heiterem Himmel, völlig überraschend." Oder wenn du denkst: „Man kann niemanden trauen", kannst

du zum Beispiel das Denkmuster wie folgt umformulieren: „Es
gibt viele gute Menschen. Ich bin schon einigen Menschen begeg-
net, denen Ehrlichkeit und Vertrauen wichtig sind. "

Die Lüge im Kopf

Viele unbewussten Glaubenssätze sind so verankert, dass es für uns
schwierig wird, sie bewusst wieder hervorzuholen. Wenn du zum Beispiel merkst, dass du dich immer wieder selber sabotierst, sobald es
darum geht, eine Beförderung wahrzunehmen, oder einfach ständig
unzufrieden bist, ohne zu wissen warum, dann unterliegst du wahrscheinlich einem verborgenen, unterbewussten, falschen Glaubenssatz.

Ein destruktiver, unbewusster Glaubenssatz setzt sich in deinem Herzen in Form von Bildern als Erinnerung ab. Werden diese destruktiven Erinnerungsmuster ständig hervorgeholt, antwortet unser Körper
mit einer Stressreaktion und du fühlst dich schlecht. So entstehen unbewusste negative Energiemuster, die unser Immunsystem lahmlegen
und uns mit der Zeit krank machen können.

Mit deinem bewussten Sein kannst du täglich nach den Glaubenssätzen Ausschau halten, die du dadurch einfacher erkennen und kor-
rigieren kannst. Sieh dich nach Beweisen um und führe sie aktiv her-
bei, damit der genau umgekehrte Glaubenssatz wahr wird. Manchmal heilen wir so ganz nebenbei auch unbewusste Glaubenssätze, die
eine enge Verknüpfung mit den bewussten Glaubenssätzen haben.

Je öfter du dir deine neue Denkweise in der Praxis bestätigst, desto
tiefer verankerst du deine neu formulierte Überzeugung auch in dei-

nem Unterbewussten. Du fokussiert dich fortan auf deine positiven Glaubenssätze und ziehst so immer mehr Positives in dein Leben. Egal welche Überzeugungen dich limitiert und negativ beeinflusst haben, ändere sie.

Es nützt nichts, wenn du deine Glaubenssätze einfach nur ins Positive umwandelst. Du musst dir auch glauben können, um sie zu verinnerlichen. Indem du die neuen Strategien regelmäßig ausprobierst und aktiv erfährst, kannst du deine neuen Glaubenssätze nachhaltig verankern, dich vom Gegenteil überzeugen und dein Verhalten dadurch ändern.

Auswirkung mentaler Gedankenkraft auf den Körper – ein kleines Experiment

Mit diesem mentalen Training arbeiten auch Therapeuten bei psychischen Erkrankungen wie Angststörungen und Panikattacken. Die Behandlungsmaßnahmen der Denk- und Verhaltenstherapie gehen davon aus, dass nicht nur das Denken, sondern auch das Fühlen und körperliche Reaktionen erworben, also irgendwann erlernt wurden. Deshalb können wir sie auch wieder verlernen und verändern, wie wir bereits mit dem Umprogrammieren lähmender und limitierender Denkmuster erfahren haben.

Wie sich Gedanken auch auf deinen Körper auswirken können, zeige ich dir mit folgendem Experiment auf:

Stell dir vor, du hältst eine wunderschöne, gelbe und saftige Zitrone in deinen Händen. Nimm sie in deinen Gedanken an deine Nase heran und rieche daran.

Du kannst schon durch die Schale hindurch die frische Säure der Zitrone riechen. Jetzt schneidest du in deiner Vorstellung die Zitrone in zwei Hälften. Zitronensaft spritzt in alle Richtungen.

Jetzt nimmst du die eine Hälfte wieder in die Hand und riechst daran. Der Duft der Säure ist noch viel intensiver zu riechen. Und nun stell dir vor, du beißt herzhaft in die Zitrone.

Was ist auf körperlicher Ebene passiert? In deinem Mund hast du vermutlich schon beim Riechen Speichel produziert, und als du imaginär in die Zitrone hineingebissen hast, hast du dein Gesicht verzogen.

Du hast deine Phantasie und Vorstellungskraft benutzt, um eine körperliche Reaktion hervorzurufen. Dieses Experiment zeigt dir, dass du körperliche Reaktionen hervorrufen kannst, ganz gleich, ob du tatsächlich etwas erlebst oder dir nur vorstellst.

Das Hirn glaubt ungeprüft, was du ihm vorgaukelst, und lässt dich entsprechend fühlen und handeln. Es verarbeitet Informationen wie ein Computer und kümmert sich dabei nicht, ob etwas Realität oder Einbildung ist. Es verarbeitet jede Information, als sei sie real (Input = Output, du erinnerst dich?)

Ich habe bereits davon gesprochen, dass es manchmal ganz schön schwierig sein kann, falschen Glaubenssätzen auf die Schliche zu kommen, weil die Gedankenmuster so tief im Unterbewussten verankert sind, dass sie an der Oberfläche des Bewusstseins erstmal gar nicht auftauchen.

Manchmal kannst du als Gedanken gespeicherte Informationen auch fühlen, ohne wirklich zu wissen, dass dem Fühlen ein Gedanke vorausging, weil er im Unterbewussten liegt.

Ich spreche von körperlichen Empfinden und Symptomen, die du erstmal gar nicht einem „Denkfehler" zuweist. Im positiven Fall ist dies „nur" dein Bauchgefühl, über das dein Unterbewusstsein mit dir kommuniziert, um dich vor irgendetwas zu warnen oder dich in deinem Tun zu bestärken.

Im negativen Fall lassen diese Informationen, die in unserem Unbewussten schlummern, Wahrnehmungen und Reaktionen zu, welche komplett irrational sind. Manchmal weißt du auch erst viel später, dass du dir einen destruktiven Denkmechanismus angeeignet hast. Glücklicherweise ist es so, dass du dir so ein Muster auch wieder abeignen – sprich es verlernen kannst.

Kapitel 7
Die Umkehr: Raus aus den Klauen der Angst und der Selbstlimitierung

Das Herz zähmen –
so deaktivierst du destruktive Signale

Die Auseinandersetzung mit meinen eigenen Herausforderungen brachte mich zu einem funktionellen Verstehen der Körpermechanismen. Von dort aus wollte ich jetzt eine Veränderung, die meine Lebensqualität wiederherzustellen vermochte. Und zwar JETZT. Ich hatte genug von Analysen, wie der Körper funktioniert.

Ich fasste den festen Entschluss, mich nicht mehr von meiner eigenen Angst versklaven, dirigieren und stressen zu lassen.

Die Frage war: Wie stelle ich meinem Hirn eine neue Wirklichkeit zur Verfügung, die es nicht mehr glaubt als Extremsituation betrachten zu müssen, damit mein Herz sich nicht mehr dazu veranlasst sieht, sich wie ein wildgewordener Tiger aufzuführen?

Ich wusste, dass mein Herz nur Antwortgeber ist, auf das Geschehen in meiner Denkzentrale. Ich wusste auch, dass mein Herz direkt mit meinem Gehirn verbunden ist, und damit der Schlüssel, mein Herz unter Kontrolle zu bringen, im emotionalen Teil der abgespeicherten Erinnerungen zu suchen war.

Aufgrund abgespeicherter Erlebnisse, die falsch interpretiert wurden, können irgendwann im Leben Glaubenssätze gebildet werden, die nicht der Wahrheit entsprechen. Kommt man in eine ähnliche Situation, wird der falsche Glaubenssatz sofort aktiv.

Und da der Hypothalamus lediglich ein destruktives Signal aufgrund des falschen Glaubenssatzes aussendet, müssen diese destruktiven Signale unterbrochen und, wie wir bereits gelernt haben, neue Glaubenssätze programmiert werden. Was hieß das jetzt in Bezug auf meine Panikattacken?

Das Signal, das dafür verantwortlich ist, dass mein Körper sich in eine Kampf-oder-Flucht-Reaktion begibt, kann ich nur stören, indem ein NEUES, entgegengesetztes Signal das alte, destruktive Signal neutralisiert. Konkret heißt das, dass ich mich der Angst stellen und meinem Denken eine ganz neue Erfahrung bieten musste.

„Das ist aber eine harte Nuss", dachte ich mir und war immer noch festentschlossen, das Schreckgespenst in eine liebevolle Prinzessin zu verwandeln.

Also fing ich an, durch Visualisierung die Wirklichkeit in meinem Kopf neu zu denken. Ich spielte Situationen, die ich in der Vergangenheit mied, mental immer wieder durch, indem ich mir einen „inneren Film" zusammenbaute, der das Gegenteil meiner Angstszenarien aufzeigte.

Gleichzeitig fühlte ich bewusst in mein Herz hinein, spürte, wie ich mich freute, dass ich all den Aktivitäten nachgehen konnte, ohne unerwünschte Begleiterscheinungen. Ich stellte mir innerlich zum Beispiel vor, wie ich mit meinem Freund ins Kino gehe. Dabei durchlebte ich die inneren Bilder, als wenn sie real wären.

Fast das Wichtigste dabei war das positive Gefühl der angenehmen Ruhe, Freude und Gelassenheit, die mit dem Gang ins Kino verbunden sind, zu fühlen, ja zu erleben.

Das Gefühl ist so wichtig, weil das die Botschaft ist, die du aussendest, und wenn du es fühlst, kannst du es auch wirklich glauben. Das Gefühl ist die Energie mit entsprechender Schwingung, welche sich mit derselben Schwingung im Außen verbindet. Das Gesetz der Resonanz wirkt, indem Gleiches von Gleichem angezogen wird. Letztendlich ist es die Energie, die du aussendest, die wieder zu dir zurückkommt.

Ich sah mich selber durch die Drehtür gehen. Jeden einzelnen Schritt hin zur Kasse nahm ich wie im Zeitlupentempo bewusst wahr, der Geruch des Popcorns stieg mir in die Nase, ich fühlte die Vorfreude auf den Film. Ich durchlebte jedes kleine Detail über Klänge, Gefühle und Bilder wie in einem inneren vierdimensionalen Spielfilm. Ich wählte die Sitzreihe aus, bezahlte und nahm das Lächeln der Kassiererin wahr. Ich lief im Geiste die Treppe hinauf zum Kinosaal, ging durch die geöffnete Tür, suchte meinen Platz und setzte mich hin.

Alles mit einer Selbstverständlichkeit und total entspannt. Ich achtete darauf, dass ich das Gefühl der Freude auf den Film während meines ganzen inneren mentalen Ablaufs aufrecht hielt. Ich aß genüsslich das Popcorn, das ich an der Kasse gekauft hatte und beachtete die anderen Leute im Kino nicht einmal. Ich ließ keinen Zweifel zu, sodass ich den Kinofilm genießen konnte und mich kein Schreckgespenst, keine

Panikattacke je wieder aus dem Kino treiben könnte. Ich wiederholte meinen inneren Film vom Kinobesuch immer und immer wieder.

Mein Gehirn wusste jetzt, was es später zu tun hatte. Ich habe mir meine spätere Wirklichkeit mental bereits erschaffen. Jetzt ging es darum, meinem Gehirn, die Wahrheit der neuen Wirklichkeit zu bestätigen.

Am Rande der Panik geht's bergauf

Der nächste Schritt ist die praktische Umsetzung. Meine neue Strategie auszuprobieren, damit ich sie in Bezug auf diese Situation als positive Erfahrung nachhaltig verankern kann.

Das direkte Überfluten der angstauslösenden Situation ist unerlässlich zur Heilung der Phobie und in seiner Wirkung sehr effektiv. Mit der mentalen Vorbereitung hast du die Möglichkeit, dem Gehirn bereits vorher zu sagen, dass von der vermeintlich angstauslösenden Situation keine Gefahr ausgeht. Das wird vor allem durch die positiv erlebten Gefühle während der Visualisierung verankert. Du kannst dich erinnern, das Hirn kann nicht unterscheiden zwischen den Gefühlen, die tatsächlich erlebt wurden oder denen, die du dir nur vorstellst. Es ist wichtig, dass du den Angsttrip, ob real oder vorgestellt durch die Visualisierung bis zur Beruhigungsphase, durchstehst.

Nur wenn du die Angst am Rande der Panik von A-Z durchlebst und aushältst, kann das Gehirn die Erfahrung, dass nichts Schlimmes passiert, als neues positives Erlebnis in deiner Erinnerungsdatenbank ablegen. Das Durchleben ist also der zentrale Schlüssel zur Heilung.

Ich suchte mir einen Film heraus, den ich wirklich gerne sehen mochte. Es lief der Film „Gestohlene Herzen" mit Sandra Bullock, eine meiner Lieblingsschauspielerinnen. Die Komödie versprach, witzig und skurril zu sein. Genau, was ich brauchte. Ich fuhr also mit meinem Freund an einem Sonntag zu einer Spätnachmittagsvorstellung. Zu Hause auf dem Sofa hatte ich mir das angenehme Gefühl und die Szene im Kino nochmals kurz vorgestellt. Bereits auf dem Weg merkte ich, dass ich viel ruhiger war als sonst. Ich konnte mich sogar auf das Gespräch mit meinem Freund konzentrieren, was sonst nicht der Fall gewesen war, da meine Gedanken ihren eigenen chaotischen Beschäftigungen nachgingen. Wir haben es uns im Kino richtig gemütlich gemacht. Mit Popcorn und Cola. Der Film war wirklich witzig und kurzweilig. Filme mit Sandra Bullock sind für mich immer ein Highlight. Als der Abspann über die Leinwand lief, merkte ich fast erschrocken, dass sich mein Herz die ganze Zeit völlig ruhig verhalten hatte.

Meine neue Strategie, denken und fühlen positiv miteinander zu koppeln, hatte positive Wirkung gezeigt. Mein emotionales Gehirn war offensichtlich durch meine Übungen tatsächlich in der Lage, Stabilität zu signalisieren und an mein Herz weiterzugeben, dass physiologisch alles in Ordnung ist und es keinen Grund gibt, auszuflippen. Die neue positive Erfahrung konnte jetzt die alte ersetzen.

Die Fahrt durch den Tunnel

Ich war happy, dass mein Experiment geglückt war, und wollte gleich den nächsten, weitaus schlimmeren Panikauslöser anpacken: den Tunnel.

Eine Fahrt durch einen Tunnel schnürte mir regelrecht die Kehle zu. Ich war im Stande, mitten im Tunnel anzuhalten und umzukehren.

Die Reaktionen waren jeweils so heftig, dass ich drohte, in Ohnmacht zu fallen. „Oh mein Gott, was passiert, wenn ich mitten im Tunnel am Steuer in Ohnmacht falle?", schaltete sich stets mein Pseudoverstand dazwischen.

Die Gedanken daran, was alles passieren konnte, pumpten augenblicklich noch mehr Adrenalin in meinen Körper. Wie ein tosender Wildbach floss das Stresshormon ungehindert zu meinem Herz, das daraufhin zu explodieren drohte.

„Oder du kriegst einen Herzinfarkt", meldete sich mein Gehirn wieder zur Stelle. Alle positiven Selbstgespräche halfen in so einem Moment nicht. Du kannst dir vorstellen, was ich tat. Ganz einfach, was die meisten Menschen tun. Ich fuhr einfach durch keinen Tunnel mehr. Schließlich war das viel zu gefährlich.

Das Unterfangen Tunnel forderte mich beim bloßen daran Denken weitaus mehr als der Gang ins Kino. Aber ich wollte mich unbedingt aus den Klauen des Schreckgespenstes befreien. Schließlich konnte ich ja nicht mein ganzes Leben über die Berge fahren, und von denen hat es doch recht viele in der Schweiz.

Das positive Erlebnis mit dem Kino motivierte mich, das Projekt Tunnel sofort anzupacken. Die positive Visualisierung, eine der mächtigsten mentalen Fähigkeiten, wandte ich auch dieses Mal an. So lange, bis ich fühlte, dass ich mir selbst vertraute und wusste, dass ich schadlos durch den Tunnel fahren konnte.

Ich stieg also in mein Auto, fuhr auf die Autobahn zu einem nahegelegenen Autobahntunnel. Die Tunnellänge umfasste immerhin 3,25 Kilometer. Ich musste also bei Tempo 100 km/h schon mehr als drei

Minuten aushalten, bis ich am anderen Ende wieder aus dem Tunnel fahren konnte.

Ich hatte das Fenster einen Spalt geöffnet, im CD-Player meine Lieblingstitel eingelegt, den Lautstärkeregler bis fast zum Anschlag aufgedreht und angefangen lauthals zur Musik zu singen. Umkehren konnte ich nicht mehr, ich war schon auf der Autobahn.

Ich näherte mich dem Tunnel, fröhlich singend, ohne eine einzige Schweißperle auf dem Gesicht. Ich fuhr in den Tunnel hinein und hörte nicht auf zu singen. Am Ende des Tunnels war gleich eine Abfahrt. Ich fuhr die Autobahn hinunter und konnte es fast nicht glauben, dass ich überhaupt jemals den Zeitverlust in Kauf genommen hatte und über die Hügelgefahren war, anstatt die Abkürzung durch den Tunnel zu nehmen.

Konsequenterweise ging es auf dem Nachhauseweg gleich noch einmal durch den selben Tunnel. Musik an, den Lautstärkeregler auf laut und los ging's. Hätte mir jemand zugeschaut, hätte er gedacht, ich übe für den Auftritt bei einem Musikwettbewerb. Tatsächlich aber half mir das Singen, das aufkommende Angstgefühl zu unterdrücken. Denn zum Singen braucht man den Atem und kommt so nicht in einen Hyperventilationszustand. Zudem konzentrierte ich mich auf den Text und ließ somit aufkommenden Gedanken, die mir nur wieder einreden wollten, besser nicht durch den Tunnel zu fahren, erst gar keinen Platz.

Nun rate ich dir, diese Technik nicht auf öffentlichen Plätzen anzuwenden, wenn du nicht negativ auffallen möchtest. Was du natürlich jederzeit machen kannst, sind positive Selbstgespräche zu führen.

Self-Talks bilden die Basis für Selbstvertrauen und Selbstwertgefühl. Wenn du zu dir selber sagst: „Ich bleibe ruhig, und ich bin gelassen", während du durch die Angstsituation gehst, wird es dir sicher einfacher fallen, die Situation der Panik bis zum Ende auszuhalten. Denn du kannst deine Panik nur überwinden, wenn du dein destruktives Erinnerungssignal mit einer positiven Erfahrung austauschst.

Bei komplexeren Phobien, wie der meinen, musst du dich rund zehnmal eine Stunde lang in die angstauslösende Situation begeben, um die neuen Energiemuster in Form von Bildern in deiner Denkzentrale abzulegen, damit die alten Signale gelöscht sind und du von deiner Phobie befreit bist.

Das ist zwar sehr unangenehm, aber sehr effektiv. Bei spezifischen Ängsten, wie der Angst vor Spinnen, Katzen oder Hunden, schlägt diese Technik, die in der psychologischen Behandlung auch kognitive Verhaltenstherapie genannt wird, sogar viel schneller an.

Von zentraler Bedeutung sind das Lernen und Umlernen. Indem du in die direkte Konfrontation gehst, stellst du dich der Angst.

Wenn du also zum Beispiel Angst vor Spinnen hast, ist es am effektivsten, wenn du dir dich in einem Terrarium voller Spinnen vorstellst. Wir programmieren unsere Erinnerungen um, geben unserem Körper die Möglichkeit, auf ein anderes Energiemuster zuzugreifen, und können so unser Verhalten ändern.

Je öfter wir die positiven Konsequenzen unseres neuen Verhaltens erfahren, desto öfter wird dieses Verhalten in Zukunft auftreten.

Bei spezifischen Problemen können Menschen oft sogar in einem einzigen Mal oder in wenigen Stunden von ihrer Phobie befreit werden, wenn sie sich dieser Extremsituation aussetzen und sie aushalten.

Die Dauer der Heilungszeit ist wie gesagt abhängig von der Komplexität der Phobie und ist sehr unterschiedlich.

Meine Top-5-Strategien bei akuten Angstanfällen findest du unter: www.petrapanholzer.com/mehr/angstbewältigung.

Kapitel 8
Wie du deine Zukunft bestimmst

Jetzt will ich mehr

Das Bewältigen meiner Ängste durch bewusstes mentales Training, begleitet durch die praktische Umsetzung, haben mich inspiriert, noch viel mehr im Leben auf diese Weise erreichen zu wollen.

Wenn die Befreiung von meinen Panikattacken funktioniert hat, muss es ja mit anderen Wünschen und Zielen noch einfacher funktionieren. Und die meisten meiner Wünsche und Bedürfnisse sind nicht gerade so vielschichtig wie die, mich von meinen absurden Ängsten zu befreien.

Aber eines gilt immer: Du musst dir deiner eigenen Wünsche und Ziele erstmal bewusstwerden und dir die positive AusWIRKUNG verbunden mit dem Gefühl, dass sie in dir auslöst, detailgetreu erdenken und vorstellen können.

Es reicht nicht, einfach zu wissen, dass du keine Angst mehr haben möchtest. Sondern du musst an der WIRKUNG schrauben. Denn die Ursache ist oft wie in meinem Fall gar nicht bekannt und schlussendlich, um eine Veränderung herbeizuführen, auch nicht unbedingt relevant.

Mit dem Kompass in der Hand

Lass uns jetzt anschauen, wie wir überhaupt dazu kommen zu wissen, was wir wirklich wollen und uns dafür mit vollem Herzen zu entscheiden, dies auch zu bekommen. Um die Entscheidung zu treffen, sich etwas zu eigen zu machen, muss erst ein Ziel, ein Wunsch, und sei er noch so klein, in unserem Kopf entstanden sein.

„Wer nicht weiß, in welchen Hafen er will, für den ist kein Wind der richtige."

(Seneca)

Glück ist nicht einfach Glückssache, das haben wir bereits gelernt. In diesem Zusammenhang meine ich das Glück, das du fühlst, wenn du deine Wünsche umgesetzt und deine Ziele erreicht hast. Dass du dazu eine positive innere Haltung brauchst und dich von ungültigen alten Denkmustern befreien musst, weißt du ebenfalls.

Wahrscheinlich hast du auch schon gehört oder gelesen, dass wenn du dir etwas wünscht, es auch auf die richtige Zielformulierung ankommt. Vielleicht wendest du diese konkreten und positiven Formulierungen auch schon richtig an und trotzdem funktioniert die erfolgreiche Umsetzung deines Zieles nicht.

Wir schauen in diesem Kapitel auch an, wo mögliche Probleme beim Finden eines kraftvollen Zieles versteckt sein können. Dafür hole ich ein bisschen aus.

Die meisten Menschen, die ich kenne, haben überhaupt keine klaren Ziele im Leben. Sie möchten zwar ständig ihr Leben und ihre Lebensqualität verbessern, aber ohne zu wissen, WAS sie überhaupt ändern wollen. Meist sind sich die Menschen zwar klar darüber, was sie nicht wollen, aber nicht über das, was sie wirklich möchten.

Du kannst ja mal aus Spaß deine Freunde fragen, was sie sich im Leben wünschen oder was sie glücklicher machen würde. Du wirst sehen, die meisten Leute beginnen mit der Beschreibung der Umstände, die sie nicht wollen, statt mit denen, die sie sich herbeiwünschen. Sie sagen dann zum Beispiel, ich will weniger arbeiten, oder umgekehrt, ich will nicht mehr arbeitslos sein.

Analysiere, in welchen Bereichen du in deinem Leben etwas ändern oder verbessern willst. Um Wünsche in die Realität zu holen, musst du dich auf das konzentrieren, was du willst, nicht nur auf das, was du loswerden willst.

Du sagst ja in einem Restaurant auch nicht, was du alles nicht haben möchtest, wenn du beim Ober eine Bestellung aufgibst. Du sagst ganz genau, was dir der Kellner bringen soll. Mit dem Setzen von Zielen ist es genauso.

Es ist nicht schwer. Wenn du nicht weißt, was du willst, dann schau einfach mal deine Umstände im Leben an, die dir nicht gefallen, und definiere ein Ziel, das gegensätzlich zum jetzigen Umstand ist. Anstatt zu sagen: „Ich möchte nicht mehr arbeitslos sein", sagst du: „Ich habe einen Job, der mir Spaß macht und gut bezahlt ist."

Ja, du hast richtig gelesen, **ich habe …** Du formulierst die Dinge, die du in dein Leben wünschst, so, als seien sie bereits real und bereits erreicht. Welcher Sinn dahinter steckt, dazu erzähle ich dir in den folgenden Kapiteln gleich noch mehr.

Du kannst materielle oder immaterielle Dinge anstreben. Wir leben in der westlichen Welt in einem Konsumüberschuss und die meisten unserer Wünsche sind nicht existentieller Art. Es dreht sich meist um Luxusgüter und lebensqualitätsverbessernde Wünsche und Werte. Dies ist auch in Ordnung so. Wie ich schon in früherem Kapitel geschrieben habe, dienen auch diese Dinge unserer Entwicklung.

Wenn es sich bei diesen Zielen um bloße blutleere und wenig motivierende Papierziele handelt, ist die Umsetzung schwierig. Kraftvolle Ziele entsprechen einem echten Herzenswunsch. Wir alle werden durch Fernsehen, Werbung, Erziehung und unser Umfeld stark beeinflusst. Das ist menschlich und passiert, ob du das willst oder nicht, selbst wenn du bewusst dagegen ankämpfst. Um deine wirkliche Richtung zu erkennen, musst du dein Herz mit einbeziehen.

Echte Herzenswünsche erreichen immer ihr Ziel, da sie tief mit deiner Seele verbunden sind. Auf deinem Weg gibt es viele kleine und große Herzenswünsche und Werte, die du verfolgen kannst, um dein Leben glücklicher und vollkommener zu gestalten. Wie du Herzenswünsche und „normale" Wünsche voneinander unterscheidest, erzähle ich dir gleich.

Ist es dein Wunsch, umzuziehen und eine größere schönere Wohnung zu finden, in der jedes Kind ein eigenes Zimmer hat? Träumst du von einer Weltreise? Brauchst du Geld, um deine Steuern zu bezahlen, oder willst du einfach wieder ein Plus auf deinem Bankkonto stehen sehen? Wie sieht es mit deinem sozialen Netz aus? Klappt die Beziehung mit deinem Partner, den Kindern und den Nachbarn? Brauchst du Veränderung in diesem Bereich oder wünschst du dir, endlich deinen Traumpartner zu finden? Wie steht es um deine Karriere? Hast du deinen Traumberuf bereits? Bist du gerade auf Stellensuche oder willst dich beruflich selbstverwirklichen?

Wille oder Vorstellungskraft – wer gewinnt?

Du weißt ja, wenn du etwas willst, dann kannst du es auch erreichen. Aber reicht dein Wille allein wirklich aus?

Du kannst am Stand deines Willensbarometers messen, ob du einen Wunsch, den du hegst, tatsächlich unbedingt verwirklichen willst, oder ob er nur „Schaum" ist. Dein Willensbarometer zeigt dir an, ob du auch wirklich etwas zu tun bereit bist.

Noch wichtiger ist, dass du dir die gelungene Erfüllung des Wunsches in allen Details vorstellst und dich bewusst entscheidest, die Veränderung, das gewünschte Ergebnis anzunehmen.

Natürlich kannst du auch mal sagen, ich probiere einfach aus, wenn es nicht klappt, ist es auch nicht so schlimm. Wenn du allerdings insgeheim denkst: „Was soll's, wenn es nicht klappt, ändere ich einfach meinen Plan", dann wirst du auf den Erfolg warten bis zum Nimmerleinstag. Erfolg ist immer die Folge dessen, was du dir zuvor vorgestellt und gedacht hast.

Der Wille alleine nützt dir gar nichts. Warum? Weil erst durch die Emotionen, die von der Vorstellungskraft ausgelöst werden, die Energie freigesetzt wird, die zum Ziel führt.

Ein Beispiel, das du vielleicht kennst: Zum Jahresbeginn nimmst du dir vor abzunehmen. Du weißt, es tut deiner Gesundheit gut, wenn du ein paar Kilo weniger wiegst. „Ich will jetzt abnehmen, ab morgen steige ich in ein Diät-Programm ein", nimmst du dir ernsthaft vor. Du siehst, du WILLST abnehmen. Das ist dein Wille, aber du kannst so viel wollen, wie du willst. Die Überwindung, auf Süßigkeiten oder fettes Essen zu verzichten, unterliegt nicht nur deinem Willen, sondern ist sehr stark vom Umgang mit deiner Stimmungslage und von deinen Emotionen abhängig. Wenn du zudem die Vorstellung hast, dass es schwierig ist und lange dauert, eine entsprechende Gewichtsreduktion zu erzielen, wirst du deine Vorstellung wahrmachen und nicht deinen Willen durchsetzen.

Nur wenn du eine Vorstellung hast, wie du am Ziel angekommen bist, das heißt in diesem Fall, wie du, mindestens 10-15% deines ursprünglichen Körpergewichtes reduziert hast, wenn du ein gesundes Maß an Gewicht verlieren willst, wirst du am Ziel ankommen. Du musst dir das ganz bildlich vorstellen, wie du dich dann fühlst, wie du aussiehst, so als ob es bereits geschehen ist. Dein Unterbewusstsein wird immer deine Vorstellung wahrmachen und nicht deinen Willen ausführen.

„Vorstellungskraft ist wichtiger als Wissen."

(Albert Einstein)

Dass die inneren Bilder und Visionen sich mit der Zeit in die Realität verwandeln, hätte sich auch Angelika in dem Maße nicht erträumen lassen.

Angelika hatte sich bereits in jungen Jahren mit dem Gesetz der Anziehung vertraut gemacht. Sie hatte auch schon ein paar kleine Experimente wie zum Beispiel das Bestehen der Autoprüfung mit weniger als 15 Fahrstunden und den Gewinn des Firmen-Orientierungslaufes auf der Erfolgsseite ihrer Herbeiwünschen-Liste verbucht.

Angelika wusste, dass es ihrem innigen Herzenswunsch entsprach, einmal ein eigenes Fachwerkhaus mit Riegelbauten zu besitzen. Sie stellte sich genau vor, wie das Haus auszusehen hat. In jedem Detail, wie viele Zimmer es gibt, wie groß die Küche ist, die Farbe des Hauses, wie viele Autos die Garage fasst und wie der Garten aussieht.

Sie stellte sich vor, wie sie in der Küche gesundes Essen zubereitet, wie sie sich an den Blumen erfreut, die im Garten blühen, und an ihnen roch. Sie stellte sich vor, wie sie in einem extra für sie eingerichteten Nähzimmer ihrem Hobby, dem Nähen und Stricken, nachgeht.

Sie visualisierte das Haus und verband den inneren Film mit freudigen Gefühlen, wie wenn sie kurz davor stünde, in das Haus einzuziehen. Sie genoss diesen inneren Film immer wieder und gleichzeitig wusste sie, dass er irgendwann Wirklichkeit sein wird.

Es dauerte sieben weitere Jahre, bis sie dann durch einen „Zufall" (du weißt ja, Zufälle gibt es nicht) eine günstige Gelegenheit fand, Bauland zu erwerben, in dem selben Dorf, in dem sie aufgewachsen ist.

Zusammen mit ihrem zukünftigen Ehemann, den sie vor zwei Jahren in ihrer Arbeitsstelle kennengelernt hatte, konnte Angelika nun ihr Haus, das sie sich seit Jahren „erträumt" hatte, selber planen und bauen.

Die Vorstellungskraft und ihr „inneres Wissen", dass ihr einmal ein solches Haus gehört, hat sie zum Herzziel gebracht. Manchmal dauert es länger, manchmal geht es schneller. Dabei kommt es natürlich auch darauf an, was du dafür tust.

Ein Haus kostet Geld, dessen war sich Angelika bewusst. Ziele, die zu einem bestimmten Zeitpunkt mehr einer Vision entsprechen als der unmittelbaren Erreichbarkeit, sind nicht von heute auf morgen realisiert. Dafür ist die Zeit da, die es braucht, um alle Vorbereitungen zu treffen und die entsprechenden Handlungen zu setzen.

Wenn du hingegen immer nur Zweifel hast, oder nur die Hindernisse auf dem Weg zum Erfolg siehst, wirst du den Weg vermutlich erst gar nicht beschreiten und dein Tun nicht darauf ausrichten. So hat Angelika sich auch beruflich weiterentwickelt, und immer gut entlohnte Anstellungen gehabt. Sie lebte so, dass sie sich einen ansehnlichen Betrag auf ihrem Bankkonto zusammensparen konnte, den sie zum gegebenen Zeitpunkt als Eigenkapital für den Hauserwerb einsetzte.

Nein heißt nicht immer Nein

Auf dem Weg zum „Erschaffen" gibt es manchmal auch Rückschläge und Abfuhren. Aber eine Niederlage muss nicht endgültig zu sein. Sie kann Teil des Prozesses sein, den du am Weg zur Verwirklichung deiner Ziele durchläufst. Ein Nein ist nicht immer ein Nein.

Das merken bereits kleine Kinder, wenn sie versuchen, angesichts eines Nein trotzdem zu erhalten, was sie wollen, indem sie trotzig stehen bleiben und nicht aufhören zu fordern, was sie haben möchten. Auf ein eindrückliches Nein kann später ein Ja folgen.

Ich will damit nicht sagen, dass es gut ist, wenn du in der Kindererziehung inkonsequent bist. Aber wie oft haben wir schon mit uns diskutieren lassen und am Schluss doch eingewilligt? Und manchmal ist es sogar sinnvoll, sich nicht auf ein Nein zu versteifen, Kompromisse einzugehen und die Kinder merken zu lassen, dass sie im Leben auch mal verhandeln können.

Ich spreche dabei natürlich nicht von nachgeben, wenn unsere kleinen Knirpse schnaubend und stampfend etwas durchsetzen wollen, was uns selber nicht behagt oder gar gefährlich ist. Aber mit unserer Verhandlungsbereitschaft lernen unsere kleinen Geschöpfe auch, hartnäckig und nicht trotzig zu sein, auch mal etwas erneut zu versuchen und so an den Erfolg zu kommen. Solche Erfahrungen sind wichtig und prägen die Denkmuster. Später, wenn sie die Kräfte richtig einsetzen können, haben es diese Kinder leichter, zu dem zu kommen, was sie möchten.

Alles beginnt mit den richtigen Gedanken, der intensiven Vorstellung, mit der richtigen Zielsetzung und der Entscheidung, *es* zu tun und *es* zu erhalten.

Kraftvolle Herz-Ziele – das Brainstorming

Übung: vom Herzwunsch zum Herzziel

Eine einfache und wirksame Zielfindungsmethode geht so:

Du nimmst ein Blatt Papier, einen Stift und schreibst einfach alle Wünsche (vielleicht sind es gar schon Herzziele) auf, die dir in den Sinn kommen. Auch solche, die dir zu Beginn völlig absurd vorkommen.

In diesem Schritt geht es noch nicht um die Qualität der Wünsche, sondern um ein kunterbuntes Brainstorming. Nach ein paar Tagen hast du vielleicht über fünfzig Wünsche und Ziele notiert. Nimm dir die Zeit dafür, es lohnt sich.

Im nächsten Schritt betrachtest du die Wünsche kritisch und sortierst sie, um sie in echte, kraftvolle Wünsche zu verwandeln. Ich spreche im Moment hauptsächlich von Wünschen, die noch keine Ziele sind.

Was unterscheidet einen Wunsch grundsätzlich von einem Ziel?

Bei einem Wunsch wünsche ich mir etwas, von dem ich ausgehe, dass es einfach eintritt oder ich es geschenkt bekomme, ohne etwas dafür zu tun. Ein Ziel ist etwas, was du aus eigener Kraft erreichen kannst und auch willst. Ein Ziel bedeutet also Arbeit. Du bist bereit zu planen, Schritte einzuleiten und auch die Konsequenzen zu tragen. Dabei bist du total fokussiert auf dein Ziel, oder im Volksmund sagt man auch „man ist mit dem ganzen Herzen dabei".

Und genau darum geht es, diese Herzenswünsche herauszufiltern und ein Herzensziel daraus zu machen. Erst finden wir heraus, was wir uns alles wünschen. Dabei hast du auf deiner Liste ein kunterbuntes Durcheinander von verschiedenen Wünschen. Die einen sind nur „nice to have", weil es die anderen auch haben, die anderen haben meistens einen direkten Zusammenhang mit deinem Wesen, deinen Werten und deiner Berufung, weil Her-

zenswünsche aus deiner Seele stammen. Wenn du deinem Her-
zenswunsch folgst, ist Erfüllung immer die Folge. Frage dich bei
jedem einzelnen Wunsch, ob du das wirklich willst. Wünsche, die
nicht einem wahren Herzenswunsch entsprechen, streichen wir
wieder von der Liste. Sie sind im Moment nicht von Wichtigkeit.

Das Herz denkt mit

Es bedarf guter Selbsteinschätzung und Selbsterkenntnis, um herauszufinden, was einem Herzenswunsch entspricht.

Herzenswünsche zu erspüren, ist ein Weg, der direkten Kommunikation unserer Seele mit unserem Kopf. Das Herz ist mehr als ein Mus-
kel, der sieben Liter Blut pro Minute durch das Kreislaufsystem jagt.
In den vergangenen Jahren haben Neurowissenschaftler entdeckt,
dass unser Herz ein unabhängiges Nervensystem mit 40 000 Nervenzellen besitzt. David Paterson, Ph. D. Professor an der Universität
Oxford, verband die beiden Forschungsbereiche des Gehirns und des
Herzens. Seine Arbeit zeigt, dass unser Gehirn in der Tat mit unserem
Herz zusammenarbeitet, um Emotionen zu erschaffen.

Im Film „Of Hearts and Minds" zeigt der Wissenschaftsdokumentarfil-
mer David Malone, wie das Herz mit dem Gehirn zusammenarbeitet.
Dieses eigene kleine Gehirn, das Herzgehirn, sendet Botschaften und
Bilder an unser Kopfgehirn. Genau an den Ort in unserem Gehirn, an
dem unsere Emotionen verwertet werden. Das heißt, das Herz ist zwar
eine Pumpe, die auf die Signale unseres Kopfs/Gehirns reagiert, aber
das Herz ist dem Gehirn nicht versklavt, sondern besitzt eine Eigendy-
namik. Unser Leben wird nicht nur von Gedanken beherrscht, sondern
wir treffen Entscheidungen auch im kleinen Hirn des Herzens.

Die Wahrheit liegt im Herzen

Wenn du lernst, auf dein Herz zu hören und den Weisungen deines Herzens zu vertrauen, dann kannst du es als hilfreichen Ratgeber nutzen. Das ist der einfachste und direkteste Weg, unsere emotionale Quelle, unsere Seele anzuzapfen und mit ihr über unseren Verstand zu kommunizieren. Dass das Herz immer die Wahrheit sagt, wussten schon die alten Ägypter. Sie wussten, wenn jemand lügt, mussten sie nur seinen Puls fühlen, denn das Herz verrät uns durch starkes Klopfen, wenn wir lügen.

Alle unsere Erinnerungen sind als Bilder in unserem Herzen gespeichert. Alle unsere Vorstellungen sind Bilder. Bilder und nicht Worte sind die Sprache des Herzens. Sie sind gespeichert in den Tausenden von spezialisierten Neuronen, die ihr eigenes komplexes Netzwerk im Herzen bilden, das in der Lage ist, mit unserem Hirn zu kommunizieren.

Manchmal hast du auch nur das Gefühl, etwas zu wollen, weil dir das dein Verstand so einflüstert. Deswegen sind viele Ziele, die Menschen sich setzen, auch nicht ihre eigenen, sondern Ideen und Bilder aus dem Fernsehen, von Eltern und Familie oder aus gesellschaftlichen Idealen. Tatsächlich bringen diese Ziele deiner Seele keine Befriedigung und machen dich auch nicht glücklich.

Solche Ziele sind kraftlos. Du hast das sicher auch schon erlebt, dass du gedacht hast, etwas unbedingt haben zu müssen. Und im Nachhinein hast du gemerkt, dass dieses Ultimative-Mega-Ding auch nicht zu freudvollerem Leben führt. Solche Ziele sind nicht dem Herzen entsprungen. Es sind nur Papierziele, die uns nach einigen Tagen nichts mehr bedeuten.

Ein echtes Ziel entspringt dem Herzen und du erkennst es an dem wohligen warmen Gefühl, das dich einhüllt, wenn du daran denkst. Wir sollten also mehr auf unser Inneres hören, uns Dinge in der Phantasie vorstellen und dabei fühlen, ob wir uns mit dem Besitz und mit der Veränderung, die es für unser Leben mit sich bringt, wohl fühlen.

Setzt du dir Ziele, die dir im Endeffekt nichts nutzen oder die dir keine Freude bereiten, kann es sehr gut sein, dass sie dir verwehrt bleiben, weil sie nicht im Einklang mit deiner Vorsehung, deinem Lebensplan sind. Es ist also von Vorteil, wenn du dir im vornherein Gedanken über die Qualität und den Nutzen der Ergebnisse machst, die du erschaffen willst. Herzensziele können groß oder klein sein, vor allem die Größeren sind immer Dinge, die wir mit Leidenschaft verrichten und die uns mit Enthusiasmus erfüllen.

Auf solche Gefühle zu hören, ist nicht immer einfach, aber sie sind ein sicheres Zeichen dafür, dass du dich auf deinem richtigen Lebensweg befindest. Viele Menschen gehen den Weg des geringsten Widerstandes und ordnen sich dem allgemeinen Lebensstandard ihrer Umgebung unter. Sie leben angepasst und so, wie es vermeintlich den anderen rundumher am besten passt. Sie konzentrieren sich dabei auf die alltäglichen Wünsche und platzieren ihre Herzensziele in der Warteschlaufe.

Die Erfüllung von Herzenszielen liegt oftmals außerhalb der Komfortzone – ein weiterer Grund, weshalb man sie nicht verfolgt und manchmal auch auf Widerstand stößt. Du musst etwas tun, um den Herzenswunsch Realität werden zu lassen, und nicht gleich bei der ersten Schwierigkeit, die aufkommt, aus lauter Unsicherheit dein Herzensziel sofort wieder ad acta legen, weil du dich nicht weiter traust.

Aber sobald du dich mit deinem Herzenswunsch auseinandersetzt und fühlst, dass der Wunsch aus deiner Seele stammt und oft auch mit deiner Berufung oder dem Weg dahin zu tun hat, wirst du Wege finden, die Hindernisse zu umgehen. Die innere Wahrheit setzt sich immer durch, du musst sie dir nur bewusstmachen. Um das Bewusstsein aus dem Herz zu erfühlen, gibt es ein paar schöne Methoden, die ich dir nun aufzeige.

> *„Das Herz hat seine Gründe, welche die Vernunft nicht kennt ..."*
>
> (Blaise Pascal)

Herzenswünsche entdecken

Übung: Herzenswünsche erkennen

Einen Wunsch, der deinem Herzen entspringt, erkennst du an dem wohligen, warmen Gefühl, das dich einhüllt, wenn du an ihn denkst. Eine innere Freude entsteht, dein Herz öffnet sich und strahlt von innen nach außen. Du hast ein Gefühl der Verliebtheit und alles scheint Sinn zu machen.

Wenn du jetzt deine Wünsche und Ziele nimmst, die du aufgeschrieben hast, setzt du dich hin und atmest dreimal tief ein und wieder aus.

Richte dabei deine Aufmerksamkeit in Richtung Herz. Du brauchst dafür nicht viel Zeit und auch keine Meditation zu machen.

Visualisiere vor deinem geistigen Auge kurz, wie es sich in deiner Herzgegend anfühlt, wenn du das Ziel erreicht hast. Kribbelt es, hast du das Gefühl dein Herz fängt an zu leuchten? Ist es eine echte Freude, die hochkommt, wenn du daran denkst? Fühlst du dich dabei beruhigt und unbekümmert? Dann handelt es sich um einen Herzenswunsch. Dieser Wunsch sollte auf der Liste zur Umsetzung ganz oben stehen.

Um Herzenswünsche zu finden, die du jetzt vielleicht noch nicht auf deiner Wunschliste stehen hast, stellst du dir die folgenden Fragen:

1. Was würde ich tun, wenn …

ich nicht arbeiten müsste, um Geld zu verdienen? Welcher Berufung oder welchem Beruf würdest du nachgehen, wenn du dich frei entscheiden könntest? Welche Menschen würdest du treffen und wo würdest du leben?

Es kommt dir vielleicht etwas komisch vor, aber dieses Fragespiel ist überaus wertvoll. Es wird dich inspirieren und dir neue Möglichkeiten aufzeigen, deinen Geist öffnen und dir kreative Ideen bringen.

2. Hätte ich doch bloß einmal …

Stell dir vor, du sitzt als alte Frau/alter Mann auf einer Gartenschaukel und reflektierst dein Leben. Du weißt, du stehst kurz vor

deinem Tod. Was bereust du nicht getan oder verpasst zu haben?
Mit welchen Menschen würdest du noch Frieden schließen wol-
len? Was hättest du besser machen können, für deine Gesundheit,
für dein Seelenheil? Was kommt dir alles in den Sinn, wenn du
daran denkst, was hätte ich doch bloß alles gern getan …

Verzeih mir, wenn ich dich damit konfrontiere kurz vor deinem Tod zu stehen, es ist an dieser Stelle wichtig. Menschen, die kurz vor dem Tod stehen, bedauern am häufigsten, dass sie nicht den eigenen Wünschen gefolgt sind, sondern so gelebt haben, wie man es von ihnen erwartete.

Das heißt, sie sind ihren Herzenswünschen und somit ihrem Lebensplan nicht gefolgt. Wie wir bereits am Anfang des Buches gesehen haben, ist die Umsetzung der eigenen Berufung mit Abstand das, was einem die größte Erfüllung bringt.

Dieses Spiel lässt dich auf das Wesentliche konzentrieren. Es wird dir klar, welcher inneren Wahrheit und welcher Vision du folgen musst, um ein authentisches Leben zu führen.

Die Wünsche, die auf deinem Zettel stehen und nicht einem echten Herzenswunsch entsprechen, streichst du kompromisslos. Nun hast du vielleicht noch ein Dutzend Wünsche und Ziele übrig, vielleicht weniger oder mehr. Jetzt gehst du hin und fragst dich, wie wichtig dir die Umsetzung eines jedes Wunsches oder Zieles ist. Bist du bereit, auch etwas für diesen Wunsch zu tun? Spürst du nun bei der Arbeit, die du auf dich zukommen siehst, einen Kloß im Hals oder hast du immer noch Schmetterlinge im Bauch?

Die Bereitschaft bringt uns voran

„Die Tat unterscheidet das Ziel vom Traum."

(Sprichwort)

Viele Menschen entschuldigen ihre Passivität mit dem System, in dem sie gefangen sind. Oft höre ich: „Ich bin schon den ganzen Tag am Rennen, ich muss dies, ich muss jenes. Ich kann mich nicht noch um etwas Neues kümmern."

Oftmals sind es Aufgaben, die du manchmal aus „falschem" Pflichtbewusstsein tust, die dich auf Trab halten. Du hast Verantwortung gegenüber den Kindern, der Mutter, dem Vater, der Großmutter und dem Urgroßvater. All dies verunmöglicht es, deinem wahren Herzenswunsch zu folgen und für das einzustehen, was du wirklich möchtest.

Viele Menschen sind nicht bereit, den „Preis" zu zahlen. Das bedeutet, der Wunsch ist nicht genug groß oder man möchte einfach kein Risiko eingehen. Viele lassen sich von dem Zuckerbrot-und-Peitsche-System leiten, sind gewohnt, nur durch Belohnung motiviert zu werden und nicht nach eigener, selbstbestimmter Initiative zu handeln.

Eine Freundin von mir, Marianne, hatte den Wunsch, eine schönere Wohnung zu finden, in der sie sich wohl fühlte. Kürzlich hat sich Marianne eine Wohnung angesehen, in die sie sich sofort verliebte. Klar, dass sie die Wohnung unbedingt haben wollte. Noch immer aus dem Häuschen, fragte sie mich: „Meinst du, ich kriege die Wohnung?

Es gibt schon viele Bewerber, die sich für die Wohnung interessieren, hat die Verwaltung gesagt."

Ich fragte sie darauf: „Was bist du bereit dafür zu tun?"

Sie meinte dann, dass sie das Formular für Mietinteressenten ausgefüllt habe und in den nächsten Tagen nur noch den Nachweis senden muss, dass sie keine Betreibungen gegen sie laufen hat.

Ich riet ihr, keine Minute zu warten, diesen Nachweis sofort zu organisieren, einzuscannen und per E-Mail mit einem netten persönlichen Bewerbungstext mitzusenden. Sie sollte sich im Text kurz vorstellen, erzählen, weshalb sie umziehen möchte, und sagen, dass sie sich sofort in die Wohnung verliebt hat und sie unbedingt haben wolle.

Sie meinte darauf: „Aber die haben gesagt, dass ich den Nachweis einfach in ein Couvert stecken kann, und zudem bin ich nicht so gut im Schreiben. Was soll ich denen über mich schreiben?"

Ich gab ihr ein paar Tipps und sagte dann zu ihr: „Und außerdem rufst du am nächsten Tag an und fragst nach, ob sie alles erhalten haben und ob du noch was tun kannst. Gleichzeitig beteuerst du nochmals, wie sehr du dich über diese schnucklige Wohnung freuen würdest."

Sie runzelte die Stirn. „Du bist aber schon eine Nervensäge, ich kann den Menschen doch nicht so auf die Pelle rücken."

„Marianne, willst du die Wohnung oder willst du sie nicht?", schaute ich sie dann fragend an.

Ich habe es immer wieder erlebt, dass es zum Ziel führt, wenn man sich etwas mehr Mühe gibt als alle anderen und das mit einer inneren Sicherheit und Überzeugung unterstreicht. Das bedingt natürlich, dass du die Sache wirklich von Herzen willst.

Überlege dir also, welchen Einsatz du zu leisten bereit bist. Überlege dir auch, welche Anstrengungen du machen könntest, um deine Wünsche zu erfüllen. Mach dir einen Plan für deine nächsten konkreten Schritte.

Wir finden immer wieder gute Gründe, um die notwendigen Anstrengungen, die es benötigt, um aus einem Wunsch ein Ziel zu machen und somit die Erfüllung des Wunsches in die Realität umzusetzen, zu ignorieren. Es ist üblich, dass wir uns vor Arbeit drücken, und wir alle müssen unseren „inneren Schweinehund" immer wieder überwinden.

Anstatt den „Preis" zu zahlen und intensiv die Verwaltung zu „beackern" und das Risiko auf sich zu nehmen, dass sie die Wohnung trotz aller Bemühungen doch nicht kriegt, wartete sie lieber ab. Womöglich ist es auch die Angst vor peinlichen Situationen, die Menschen nicht zielgerichtet und hartnäckig agieren lässt.

Wenn du visualisierst und deine Begierde mit einem Gefühl der Freude und der Sicherheit verbindest, brauchst du keine Angst zu haben. Bei der Umsetzung unserer Ziele, für die unser individueller und persönlicher Aufwand gefragt ist, haben wir oftmals Angst „blöde" dazustehen oder Angst zu versagen oder vor der Veränderung überhaupt. Oftmals ist es auch die Angst vor dem, was die anderen sagen. Oder gar die Angst davor, tatsächlich erfolgreich zu sein. Nun, wie wir mittlerweile wissen, verschwindet die Angst nur durch Konfron-

tation – und Konfrontation herbeizuführen, heißt nichts anderes als
TUN.

„Wer will, findet Wege,
wer nicht will, findet Gründe."

(Götz Werner, Gründer von dm-drogerie markt)

Ist dir dein Wunsch wichtig genug, um es in ein Herzziel zu verwandeln und auch etwas dafür zu tun? Vielleicht kristallisiert sich bei
dem einen oder anderen Wunsch heraus, dass er dir doch zu wenig
wichtig ist – dann streiche deinen Wunsch bitte von der Liste. Wenn
dir das gesetzte Ziel zu groß für dich erscheint, dann liegt die Lösung
im Setzen von Teilzielen oder Unterzielen.

Die Macht der Gefühle

Wenn du denkst, dann fühlst du. Wenn du fühlst, dann sendest du
Energie aus. Das ist das Gesetz der Quantenphysik, welches unum-
stritten und messbar erwiesen ist. Diese Energie wollen wir positiv
nutzen, um das Gewünschte über das Gesetz der Anziehung ungehindert geschehen zu lassen.

Frage dich deshalb bei jedem Wunsch, den du in ein Ziel verwandeln willst, wie du dich fühlen möchtest. Wie wir eingangs bereits
gesehen haben, sind Freude, Glück und Zufriedenheit die Emotionen, die wir erleben möchten. In Freude zu wachsen und frei
zu sein, bildet die Grundlage aller Herzenswünsche. Das TUN ist

wichtig, aber ebenso wichtig ist es, uns positiv zu fühlen, während wir TUN. Oftmals richten wir das Augenmerk nur auf das Tun, packen unseren Terminkalender und den Tag so voll, dass wir keinen Platz mehr zum Atmen haben und uns unmöglich noch frei und glücklich fühlen können.

So lange du dein Hauptaugenmerk nur auf das Tun richtest, arbeitest du gegen dein Sein. Durch dein Abmühen bist du erschöpft und überfordert. Diese negativen Gefühle sendest du als Botschaft aus, die das Gegenteil von dem bewirkt, was du eigentlich willst, und wirst so auch das Gegenteil von dem, was du willst, in dein Leben ziehen.

Zwei kleine Schritte ergeben auch einen großen Schritt

Ein Wunsch bleibt solange ein Wunsch, bis irgendjemand ihn erfüllt oder du ein Herzziel mit allen Konsequenzen aus dem Wunsch machst.

Und wie entscheidest du, ob dein Herzziel auch realistisch ist?

Grundsätzlich gibt es nichts, was du nicht erreichen kannst, wenn du es dir in deinem Kopf erträumen beziehungsweise vorstellen kannst. Im Allgemeinen habe ich festgestellt, dass Menschen viel zu schnell von etwas sagen, es sei nicht möglich oder unrealistisch. Das ist natürlich das bequemste Alibi, die Komfortzone erst gar nicht zu verlassen und ins Handeln zu kommen.

Fang also an, Dinge zu denken, die sich andere gar nicht zu denken trauen. Du wirst sehen, von dem Moment an, wo du anfängst, deine geistigen Möglichkeiten zu nutzen, relativiert sich die Angst davor zu erreichen, was du dir nicht vorstellen kannst. Wie Walt Disney schon sagte: „Wenn wir es denken können, können wir es auch erreichen."

Trotzdem sollte ein Ziel nicht utopisch sein oder den Naturgesetzen widersprechen. Bei einem Beinbruch zum Beispiel kannst du nicht die nächste Woche einen Marathon laufen gehen. Ein Reifeprozess ist nun mal der Zeit unterlegen. Aber du kannst auf jeden Fall mental etwas dafür tun, damit deine Muskeln nicht schwinden. Dabei kommt mir gerade die Geschichte der Frau, die wegen einer Krankheit drei Wochen im Spitalbett verbringen musste, in den Sinn. Die Frau stellte sich täglich während 30 Minuten vor, dass sie joggen geht, obwohl sie im realen Leben auch nicht joggt.

Dadurch dass sie diese inneren Bilder täglich durchlebte und die Anstrengung in den Muskeln fühlte, waren ihre Beinmuskeln um 30% besser „intakt" als bei einem Patienten, der keine mentalen Kraftübungen macht.

„Auch die längste Reise beginnt mit dem ersten Schritt."

(Chinesisches Sprichwort)

Eine realistische Größe eines Ziels zu haben, ist wichtig und motiviert uns. Wenn dir dein Endziel zu groß erscheint, mache lieber Teilziele, damit du nicht im vornherein entmutigst bist, überhaupt den ersten Schritt in Richtung Ziel zu unternehmen.

Hör dabei auf dein Herzgefühl und setze dir kleine Teilziele, bei denen du sofort ins Handeln kommst. So spornst du dich an, weil die Erreichung eines Teilziels bereits in naher Zukunft liegt. Mache dir bewusst, dass du diese kleinen Teilziele eines nach dem anderen erreichen wirst, und somit auch dein Endziel in die Realität umsetzt.

Du willst dich zum Beispiel mit einer Idee, die dir schon lange im Kopf herumspukt, selbstständig machen? Dann setze dir ein erstes Teilziel, indem du dich umfassend mit der Realisierbarkeit deiner Geschäftsidee auseinandersetzt. Dein erstes Ziel ist herauszufinden, ob du von deiner Geschäftsidee leben kannst oder nicht. Gibt es einen Markt dafür, wer sind die potentiellen Käufer, was kannst du für deine Dienstleistung verlangen?

Dein erstes Teilziel soll dir also einfach ein JA oder ein Nein zu deiner Selbstständigkeit beantworten. Sofern deine Antwort ein Ja ist, könnte ein nächstes Teilziel sein, dass du bereits Kontakt mit einem Berater aufnimmst, der dich über die Gründung eines Unternehmens aufklärt.

Wichtig bei deiner Zielsetzung ist, dass du gleich ins TUN kommst – nicht morgen oder übermorgen, sondern JETZT.

„Was immer du tun kannst oder wovon du träumst, fang damit an!"

(Johann Wolfgang von Goethe)

Kurzfristige Teilziele, die zu einem langfristigen Herzensziel hinführen und auch realistisch erreichbar sind, haben einen weiteren großen Vorteil. Sie geben unserem Leben eine Richtung, verleihen ihm Sinn. Da das Ziel aus unserem Herzen stammt, wissen wir, dass es unserer Vorsehung entspricht und deshalb gesetzesmäßig Erfüllung bringt. Indem wir mit vielen Teilzielen arbeiten und uns so unserem Herzziel nähern, bleiben wir dran und hochmotiviert, das Großartige in unserem Leben zu erreichen.

Glaube versetzt Berge

Setze dich nicht zu sehr unter Druck. Gehe es mit Lockerheit und der Gewissheit an, dass du dein Herzziel auf jeden Fall erreichen wirst. Wichtig ist, dass du dir bewusstmachst, dass du dich ENTSCHIEDEN hast, dein Ziel zu erreichen. Der Glaube an die erfolgreiche Umsetzung ist wichtig, damit du erfolgreich bist. Wenn du Zweifel hegst, machst du dir nur das Leben schwer.

Indem du Teilziele setzt, überzeugst du auch deinen Verstand, dass dein Vorhaben umsetzbar und realisierbar ist. So kommst du schneller zum Erfolg, und er stärkt deinen Glauben an die Planbarkeit deines Erfolges.

Zu große oder zu unrealistischen Zielsetzungen führen dazu, dass du wiederholt enttäuscht wirst. Das führt wiederum dazu, dass du nicht mehr daran glaubst, dir deine Wünsche und Träume erfüllen zu können. Je gelassener du in Verbindung mit dem inneren Wissen deines Herzens, dass die „Wirkung", die du denkst, Wirklichkeit ist, an die Sache herangehst, desto garantierter ist die Umsetzung deines Denkens in die Realität.

Wünschen mit Respekt für die Umgebung

Frage dich jetzt bei den Wünschen, die du noch auf deiner Liste hast, ob sie auch ethisch sind. Ein ethischer Wunsch ist zum Wohle aller. Frage dich deshalb, ob du jemandem mit deinen Vorhaben schaden kannst. Ich meine damit nicht, dass du dich fragst, ob das Ergebnis für alle Betroffenen den optimalen Nutzen darstellt, das kannst du für die anderen auch gar nicht in letzter Konsequenz beurteilen.

Wichtig ist, dass wir unser Glück nicht auf dem Unglück anderer aufbauen, und wenn du über Leichen gehen oder Gesetze brechen müsstest, um ans Ziel zu gelangen, dann solltest du deinen Wunsch abändern oder streichen.

Die Zielsetzung eines Herzenswunsches ist immer zum Wohle aller. Ich bin überzeugt, dass wir ein Ziel, das wir erreichen, nur dann wirklich genießen können, wenn wir zum Wohle aller gehandelt haben. Gehe immer ehrlich, respektvoll und wertschätzend mit dir und auch mit anderen Menschen um.

Formuliere dein erstes Herzensziel

So, nun ist es aber Zeit, aus deinen übrig gebliebenen Wünschen ein Herzziel zu formulieren.

Die Formulierung eines Wunsches oder eines Zieles unterscheidet sich deutlich. Bei einem Wunsch drückst du dich eher vage aus.

Bei einem Ziel weißt du, dass du es wirklich willst und auch umsetzen wirst. Ein Ziel kannst du Schritt für Schritt planen. Mit den vorhergehenden Schritten hast du geprüft, ob dein Wunsch zur Erfüllung überhaupt realistisch ist. Du hast überprüft, ob die Qualitäten für dein Herzziel gegeben sind und du bereit bist, die Konsequenzen für die Erreichung deines Ziels zu tragen.

Neben der Wahl unserer Worte ist auch unsere Körperhaltung wichtig. Während du bei einem Wunsch eher eine unsichere hoffende Haltung einnimmst, stehst du bei einer Zielformulierung, bei der du die ersten Schritte bereits geplant hast, mit beiden Beinen fest auf dem Boden. Wie sich Gedanken und Worte auf deinen Körper auswirken können und wie sich bestimmte Körperteile aufführen können, habe ich bereits eindrücklich mit der Geschichte meines fast nicht zu bändigenden Herzens dargestellt.

Die Art der Sprache, in der du denkst, bestimmt deine Ausdrucksweise. Wenn wir schon dabei sind, unsere Denkkultur zu überarbeiten, dann ist es die logische Konsequenz, dass wir das Denken auch in unsere Sprachkultur übernehmen. Vom Denken zum Wort, vom Wort zum Erleben, vom Erleben zur Erfahrung.

Sprache transformiert

Verallgemeinernde Wörter wie „unmöglich", „nie", „immer", „alle" oder „jeder" streichst du am besten gleich aus deinem Wortschatz.

Unser Unterbewusstsein versteht auch keine negativen Sätze. Wenn du zum Beispiel sagst: „Ich möchte nicht mehr arbeitslos sein", versteht es nur die Botschaft „arbeitslos sein". Dieses Risiko wollen wir nicht eingehen, daher achten wir darauf, unsere Ziele positiv zu formulieren.

Um dir eine Erklärung zu geben, weshalb das Unterbewusstsein auf diese Weise funktioniert: Bei der Formulierung eines Ziels geht es nicht um die Worte selber, sondern um die Information. Worte sind lediglich Träger der Information, und wenn in unserem Satz das Wort „arbeitslos" vorkommt, dann enthält es die Information „arbeitslos". Die Information „arbeitslos" besteht aus einem bestimmten Gefühl, einer bestimmten Schwingung. Die Schwingung, die letztlich die Resonanz sucht und sich entsprechend formiert.

Also sprechen wir mit positivem Informationsgehalt, damit die Möglichkeit, in Resonanz mit dem Positiven zu gehen, entstehen kann. Um die Information zu übertragen, die wir wollen, müssen wir uns präzise ausdrücken. Schon die Bibel sagte: „Am Anfang war das Wort." Denn das Wort verwirklicht sich, ganz gleich ob gedacht, gesprochen oder geschrieben.

Anthony Robbins schuf den Begriff des transformatorischen Vokabulars und machte uns darauf aufmerksam, wie du tagtäglich deine Realität mit den Worten beeinflusst, die du verwendest. Diese Sichtweise entwickelte er, als er bei einem Business-Meeting mit drei Männern folgende, für ihn skurrile Situation erlebte:

Ein Anruf unterbrach die Sitzung und der Anrufer verkündete eine Botschaft, die alle Männer in eine verärgerte, aufgebrachte Stimmung brachte. Zwei der Männer gingen völlig aufgebracht im Sitzungszimmer umher, schimpften und tobten. Der dritte Mann aber blieb ruhig sitzen. Robbins fragte ihn, ob er sich denn nicht über den Anruf aufregen würde. Der Mann sagte dann: „Doch, ich gebe zu, ich bin schon etwas pikiert."

Als er nach einem langen Tag in einem Hotel einchecken wollte, in dem er ein Zimmer reserviert hatte, und die Dame am Empfang nach einer

Viertelstunde in den Computer starrend, immer noch behauptete, es
sei keine Reservation vorhanden, merkte er, wie er zu kochen anfing.
„Wenn die gute Frau jetzt nicht ihren Hintern anfängt zu bewegen,
flippe ich aus", schrie seine innere Stimme.

Da fiel ihm die Reaktion des Mannes aus in der Sitzung wieder ein,
und er sagte zu der Dame in ruhigem Ton: „Wenn das noch lange dau-
ert, gute Frau, werde ich ein bisschen pikiert sein."

Daraufhin ließ die Dame alles fallen und Robbins erhielt sein Zimmer
im Nullkommanichts.

Du siehst, durch deine Formulierung kannst du die Welt sofort ändern.

Ich habe mir überlegt, was für Redefloskeln ich selber im Alltag häufig
verwende. Mir ist aufgefallen, dass ich, wenn ich mich über irgendetwas aufgeregt hatte, häufig Sätze wie „Das macht mich krank" oder
„Das macht mich fertig" sagte. Wer über das Gesetz der Resonanz
Bescheid weiß und sich überlegt, was er den ganzen Tag so daherplap-
pert, wundert sich nicht mehr über die Dinge und das Unheil, die ihn
scheinbar aus heiterem Himmel überfallen.

Ich hätte ja geradesogut sagen können: „Das ist ja spannend ..." oder
„Das ist ja komisch ...", wenn ich von etwas spreche, was ich nicht
verstehe. Ich habe mir angewöhnt, solche Reaktionen mit den entsprechenden Ausdrücken zu vermeiden. Wenn du deine Ausdrucksweise
und Formulierungen änderst, transformierst du damit auch dein Erleben. Du empfindest plötzlich gewisse Dinge nicht mehr so schlimm.

Es ist also durchaus sinnvoll, unseren im Alltag vorherrschenden
Sprachgebrauch genau zu reflektieren. Wenn du zum Beispiel von

einem „Bullen" sprichst, dann kreierst du vor deinem Auge ein ganz anderes Bild, als wenn du von einem Polizisten sprichst. Wann sprechen wir zum Beispiel von einem „Terroristen" und wann von einem „Freiheitskämpfer"? Wann sprechen wir von einem „Grünen" oder von einem „Naturliebhaber"?

Dein Unterbewusstsein nimmt alles wörtlich, und die Sprache, die du sprichst, schafft die Wirklichkeit. Also sei dir im Alltag bewusst, Sprache transformiert, der Ursache folgt die Wirkung.

Gegenwartsprägung

Damit deine Zielformulierung ihre ganze Kraft entfalten kann, benutze die Gegenwartsform. Indem du dein Ziel so formulierst, als ob du es schon erreicht hättest, programmierst du dein Unterbewusstsein. Das hilft dir, deine Vorhaben sehr effektiv in die Realität umzusetzen.

Durch die Gegenwartsformulierung versorgst du dein Unterbewusstsein mit entsprechenden Bildern und Gefühlen. Du entwickelst eine ganz andere Anziehungskraft für dein Ziel. Wenn du dir auch immer wieder bewusstmachst, wie es sich anfühlt, dieses Ziel bereits erreicht zu haben, verstärkst du die Schwingung enorm.

Wenn du zum Beispiel zum Ziel hast, einen neuen Job mit mehr Zeit für dich und deine Kinder zu haben, dann fühle in deinem Herzen nach, wie es ist, wenn du mehr Zeit für dich und deine Kinder hast. Du solltest das Gefühl mit einem Zielbild verknüpfen, so dass es immer abrufbar und fühlbar ist, wenn du dran denkst.

Klarheit durch Details

Formuliere dein Ziel mit so vielen Details wie möglich und so wenigen wie nötig, um klar und unmissverständlich zu sein und dein Ziel messbar zu machen. Was willst du zum Beispiel bis zu welchem Zeitpunkt erreichen?

Es reicht nicht zu sagen: „Ich will vermögend werden." Du musst konkret sagen, an welche Summe du denkst und bis zu welchem genauen Zeitpunkt du sie haben willst. Solange du keine Frist setzt, bleibt dein Ziel irgendwo in der Zukunft und ist somit nicht greifbar.

Du gibst deinem Navigationsgerät im Auto auch nicht nur an, dass du in den Süden fahren willst. Sondern du sagst genau in welche Stadt, welche Straße, zu welcher Hausnummer und ob du den schnellsten oder kürzesten Weg willst.

Bei der Formulierung deiner Ziele verhält es sich gleichermaßen. Genauso wie dein Auto auf dem Weg in den Süden irgendwo umherirren würde, irren deine **Wünsche** irgendwo in der Atmosphäre umher und können nicht erfüllt werden, wenn du bei der Formulierung ungenau sein solltest.

Gehen wir einmal davon aus, dass du dir eine neue Arbeit suchst und dein Ziel wie folgt ausdrückst: „Ich habe bis Ende Februar eine neue Stelle als Sekretärin in einer großen, bekannten Firma gefunden." Das hört sich schon ziemlich klar und konkret an, oder?

Bei genauer Betrachtung siehst du aber, dass bei einer solchen Formulierung viele Eigenschaften und Qualitäten der neuen Herausforderung offenbleiben. Es kann sein, dass du deinen Job bis zu diesem Datum offeriert bekommst – 500 km von deinem Wohnort entfernt.

Du hast z. B. nichts darüber gesagt oder gedacht, in welchem Umkreis er liegen soll, auch nicht, was du bei deinem neuen Job verdienen willst, wie die Arbeitszeitregelung und das Klima in der Firma aussehen soll.

Am besten du schreibst alles auf ein Blatt Papier. Das hat den Vorteil, dass du dir wirklich Gedanken machen musst, welche Qualitäten dein Ziel konkret beinhalten soll und es tiefer verinnerlichst. Schreibe einfach möglichst viele Stichworte auf, die dir in Bezug auf dein Ziel wichtig erscheinen.

Ein weiterer Schritt in diesem Zusammenhang ist, dass du dir überlegst, was du behalten willst. Kannst du zum Beispiel in deinem jetzigen Job selbstständig arbeiten und ist dir das wichtig, schreibe auch dies in deine Zielformulierung. Überlege dir auch genau, was du durch dein neues Ziel möglicherweise einbüßen oder verlieren könntest. Setzt du mit deinem neuen Ziel lieb Gewonnenes aufs Spiel? Sorge dafür, dass solche Konsequenzen ausgeschlossen sind.

Bilder schaffen, Bilder erschaffen

Mit dem Aufschreiben deines Ziels und den Qualitäten, die das Ziel beinhalten soll, verleihst du deinem Ziel zusätzlich mehr Kraft. Es ist der erste Schritt von der Idee in deinem Kopf, in die Gegenständlichkeit.

Du erinnerst dich, die Vorstellung sind Bilder und Bilder sind die Sprache des Herzens. Es geht nun darum, von den Gedanken der

Worte und Zahlen, ein Kopfkino aus Bildern zu kreieren. Wenn du dir dein Ziel in leuchtenden Farben ausmalst und deine volle Emotion hineingibst, wächst die Wahrscheinlichkeit, dass du dein Ziel noch schneller erreichst, enorm.

Wenn du dir etwas bildlich vorstellst, beginnen Neuronen in deinem Hirn zu feuern. Das Gehirn schickt energetische Schwingungen und Impulse in deinem Körper aus. Dein Körper setzt die Befehle um und fängt an zu handeln, die Prozesse werden eingeleitet.

Dieses Bild, das wie ein innerer Film vor deinem inneren Auge abläuft, ist wichtig für die Zielprogrammierung, zu der wir gleich noch kommen. Bilder sind Energie, und Energie ist Schwingung. Durch die Schwingung kann das Gewünschte viel effektiver in die Realität umgesetzt werden, weil sie mit dem in Resonanz kommt, was bereits ist.

Produziere nun also mit all deinen Detailvorstellungen einen bunten Film, den du jederzeit vor deinem inneren Auge abspielen kannst. Wenn du zum Beispiel das Ziel hast abzunehmen, fitter zu werden und in drei Monaten nur noch 60 Kilogramm zu wiegen, dann stelle dir bildlich vor, wie du mit 60 Kilogramm aussiehst. Nimm auch mit allen Sinnen wahr, wie es sich anfühlt, nur noch 60 Kilogramm zu wiegen und 3x wöchentlich durch den Wald zu joggen. Ich sage zu diesem Prozess auch gerne Visumotionalisieren, weil du deine Bilder mit den Emotionen zusammenfügst und dadurch eine viel größere Energie produzierst und den Neuronen in deinem Hirn Denkprogramme zur Verfügung stellst, die es unmittelbar im Unterbewusstsein verankern kann. Unser Unterbewusstsein ist immer bestrebt, die vorhandene Denkprogramme in der äußeren, physischen Erfahrungswelt in Übereinstimmung zu bringen.

Achte dabei auf drei Ebenen:

Mental: Was denke ich, während ich sehe, dass ich das Ziel erreicht habe?

Emotional: Wie fühle ich mich, während ich mein Ziel erreiche?

Somatisch: Wie reagiert mein Körper, wo, in welchem Bereich meines Körpers kann ich diese guten Gefühle spüren?

Achte auf Stimmen, Lärm, Töne oder Düfte. Manchmal kannst du auch plötzlich einen bestimmten Geruch riechen.

Je stärker du diesen Zustand bereits jetzt für dich innerlich sehen und fühlen kannst, desto besser kannst du deine Zielprogrammierung umsetzen. Verinnerliche deine Bilder so, dass du sie jederzeit abrufen kannst.

Du kannst sogar noch weitergehen und deine Bilder mit einem alltäglichen Trigger verbinden, um sie in Alltagsroutinen automatisch abrufen zu lassen. Wie so etwas aussehen kann? Wenn du zum Beispiel in acht Wochen erfolgreich deinen ersten Marathon laufen möchtest: Klebe ein Notizzettel mit deinem Zielbild an deinen Spiegel auf der Toilette. So kannst du jeweils beim Händewaschen dein Zielbild visualisieren und deinen inneren Film, wie du durch die Ziellinie läufst und dir die Menschen zujubeln immer wieder verinnerlichen. Mit der Zeit wirst du auch ohne Erinnerung des Notizzettels bei jedem Händewaschen automatisch dein Zielbild visualisieren.

Bewusste Gedanken und Bilder produzieren Qualitätsgefühle

Deine Emotionen sind von zentraler Bedeutung, um Erfahrungen bewusst zu steuern. Beim Herzbewusstsein geht es darum, dass du dafür sensibel wirst, wie sich deine Gedanken anfühlen. Bewusstes Erschaffen heißt, Gedanken zu wählen, die sich gut anfühlen und dann eine Veränderung deiner Lebensumstände bewirken. Es geht darum, Qualitätsgefühle zu erlangen, denn sie sind direkt mit den Essenzen, dem Gegenstand oder dem Umstand, den du verändern oder in dein Leben ziehen willst, verbunden. Auch wenn du dich in Lebensumständen befindest, die dir ausweglos erscheinen, kannst du deine Schwingung schrittweise anheben und so die kreative Kontrolle über die Erfahrungen, die du machst, zurückgewinnen.

Irene ist 42 und hat nach ihrer Scheidung einen Job angenommen, bei dem sie während fünf Tagen von morgens um acht bis abends um sieben beim Supermarkt an der Kasse arbeitet. Nach Feierabend holt sie die Kinder beim Hort ab und ist erst gegen 19.00 Uhr zu Hause, wo sie dann noch kochen, putzen, waschen und die Hausaufgaben kontrollieren sollte.

Sie wünscht sich, nicht mehr so viel arbeiten zu müssen, um sich besser um den Haushalt und die beiden Kinder kümmern zu können. Sie hat aber keine Ahnung, wie sie das anstellen und trotzdem genügend Geld verdienen kann. „Ohne Schweiß keinen Preis" ist ihre innere Überzeugung, die sie erst mal durch ein neues Denkmuster austauschen sollte.

Sie ist auch schon ins Tun gekommen, aber etliche Bewerbungen für einen besser bezahlten Teilzeit-Bürojob haben bis jetzt nur Absagen eingebracht, wenn überhaupt eine Antwort gekommen ist.

Nebst ihrem klar definierten Ziel muss Irene an ihren inneren Überzeugungsmustern arbeiten. Nachdem sie sich über das konkrete Ziel klargeworden ist, ist der nächste Schritt, dass sie sich ihre neuen Lebensumstände bildlich vorstellt und sich gleichzeitig darüber Gedanken macht, was für ein Qualitätsgefühl die Veränderung bringen soll.

Wie sollen die neuen positiven Lebensumstände sich anfühlen? Mehr Lebendigkeit und Freiheit, mehr Zeit mit den Kindern, mehr Zufriedenheit für sie und die Kinder, ruhigere Familienverhältnisse, ein freudvoller Alltag.

Kapitel 9
Die konkrete Umsetzung:
meine persönliche Strategie

Herzziel-Programmierung

Wie du in den vorhergehenden Kapiteln gelesen hast, bestimmen deine Glaubenssätze, deine innere Erwartung und die richtige Zielformulierung, was du materiell manifestierst. Mit einer konkreten Zielprogrammierung versehen wir das Herzziel mit der entsprechenden Energie.

Wir produzieren bewusst eine Schwingung, die mit der Schwingung der künftigen Erfüllung deines Herzzieles in Übereinstimmung ist. Das heißt, wir synchronisieren das Ziel mit seiner Verwirklichung. Dadurch, dass die Schwingungsfrequenz deines Ziels mit der zukünftigen Verwirklichung in den Gleichtakt kommt, ziehen sie sich gegenseitig automatisch an und du manifestierst dein Ziel.

Einfacher ausgedrückt: Du säst mit der Zielprogrammierung den Zielsamen aus, wie der Bauer den Weizensamen sät, um in der physisch-materiellen Welt den Weizen ernten zu können.

Die Schöpfungskiste

Ich selbst gehe bei der Zielprogrammierung so vor: Ich habe mir eine hübsche Kiste gesucht, in die ich all meine Herzziele und Zielbilder hineingebe – meine persönliche Schöpfungskiste. Sie können dort weder verändert noch negativ beeinflusst werden.

Alles, was in der Schöpfungskiste ist, IST. Ich habe mich dabei vor einigen Jahren von einem Buch von Esther Hicks inspirieren lassen, in dem sie „22 Methoden der Wunscherfüllung" beschreibt und zeigt, wie du mit der Schöpfungskiste unglaubliche Resultate erzielen kannst. Seitdem praktiziere ich bewusste Erschaffung mit Hilfe meiner persönlichen Schöpfungskiste. Sie kann eine Schuhschachtel oder eine schöne Schatulle sein, ganz egal.

Wichtig ist, du weißt, dass alles, was du in diese Schöpfungskiste legst, IST und somit Wirkung erzeugt (du erinnerst dich an Ursache und Wirkung). Ich habe alle meine Herzziele auf verschiedenfarbigen Zettel notiert. Du kannst auch Bilder aus Zeitschriften und Katalogen sammeln, die dir gefallen – z. B. ein neues Reiseziel oder ein neues Auto – und legst sie in der Schöpfungskiste ab. Auch Bilder von Menschen, die einer Aktivität nachgehen, die du anstrebst, kannst du ausschneiden und in deine Kiste geben.

Immer, wenn du etwas in deine Schöpfungskiste wirfst, sagst du laut oder nur innerlich: „Alles, was in dieser Schöpfungskiste ist, IST."

Es ist sinnvoll, dass du deine Bilder mit den entsprechenden Qualitäten ergänzt, die dein Zielbild beinhalten soll. Wenn du zum Beispiel ein Reiseziel vor Augen hast und ein Bild davon in der Zeitung ausgeschnitten hast, notierst du dazu, mit wem und wann du diese Reise antrittst, wie du es im Kapitel Zielformulierung gelernt hast.

Du kannst auch Bilder ohne Zeitqualität hineinwerfen. Ich habe schon oft die Erfahrung gemacht, dass sich das Gewünschte trotzdem oder sogar noch schneller manifestiert. Du kannst mit der Schöpfungskiste sehr spielerisch umgehen und alles hineinwerfen, was dir gefällt.

Der Vorteil des Arbeitens mit der Schöpfungskiste ist auch, dass du deinen inneren Widerstand abbaust und dich empfangsbereiter machst. Du hast einen reellen Akt vollzogen und weißt, dass alles, was in der Schöpfungskiste ist, auf dich zukommt.

Es geht vor allem darum, dass du willentlich einen anderen emotionellen Zustand erreichst, indem du dich besser und wohler fühlst. Dieser emotionelle Zustand bewirkt, dass dir das Gewünschte zwangsläufig zukommt.

Du kannst die Schöpfungskiste natürlich auch nur in deiner Vorstellungskraft verwenden. Eine imaginäre Schöpfungskiste brauchen wir nämlich zur Zielprogrammierung auch, aber es macht tatsächlich viel mehr Spaß, wenn du parallel eine materielle Schöpfungskiste hast. Sie hilft dir, deine Visualisierungsfähigkeit zu schulen und deine inneren Bilder und Filme zu produzieren.

Das ist der nächste Schritt. Du legst deine Herzziele mitsamt den dazugehörigen Bildern und Gefühlen in der visuellen Schöpfungskiste imaginär ab.

Die visuelle Schöpfungskiste

Das Ablegen deiner Herzziele und Bilder in der visuellen Schöpfungskiste geht so:

Übung:
Zielprogrammierung

*Such dir einen ruhigen Platz, an dem du dich bequem hin-
setzen kannst. Du bringst dich mit einer einfachen Technik in
einen Zustand der leichten Entspannung, den sogenannten Alphazustand.*

*Der Alphazustand ist nichts Mystisches. Du bist immer kurz vor
dem Einschlafen darin oder auch während einer Meditation. Er
verhilft uns, in einer Frequenz unserer Gehirnwellen von 8–12
Hertz in einem entspannten Wachzustand zu sein. Sie entspricht
der Grundresonanzfrequenz, die in unserem ganzen Lebensraum
vorherrscht. Auf dieser Frequenz sind wir fähig, unser Bewusstsein besser wahrzunehmen, und für emotionale Reize empfäng-
licher. Im normalen Wachzustand tagsüber befinden wir uns auf
einer Frequenz von ca. 13–40 Hertz.*

*Während du nun eine bequeme Haltung eingenommen hast,
schließt du die Augen und atmest dreimal tief ein und wieder
aus. Du lenkst deine Aufmerksamkeit auf dein Herz. Stell dir
vor, wie du durch dein Herz atmest und dabei spürst du, wie
sich mit jedem deiner Atemzüge ein goldenes Licht über deinen
Körper verteilt, das immer größer wird, bis dein ganzer Körper
davon erfüllt ist.*

Denke jetzt an etwas Positives, das dich erfreut, das du wert-
schätzt oder für das du dankbar bist. Zum Beispiel der Baum in
deinem Garten, der prachtvoll blüht, oder an deinen morgend-
lichen Spaziergang mit dem Hund. Irgendetwas, das dich ent-
zückt.

Du fühlst jetzt eine angenehme, glückliche Entspannung. Dein
Geist wird gleichzeitig klarer und klarer. Am Anfang brauchst
du vielleicht etwas mehr Zeit, um den Entspannungszustand zu
erreichen. Mit Übung wirst du dich ganz schnell in den Alphazu-
stand hineingeben können. Während du nun in der angenehmen
Entspannung ruhst, drehst du deine geschlossenen Augen in den
linken oberen Augenwinkel.

Dort befindet sich deine imaginäre Schöpfungskiste. Um deine
Herzziele abzuspeichern, wirfst du nun die Ziele mit der rich-
tigen Formulierung, mit den Worten: „Alles, was in der Schöp-
fungskiste ist, das IST, so oder noch besser – zum Wohle aller" in
die visuelle Schöpfungskiste.

Stell dir vor, wie sich bei der imaginären Schöpfungskiste in der
linken oberen Sichtebene eine imaginäre Schöpfungsleinwand be-
findet. Lass nun den inneren Film, die Bilder und die dazugehö-
rigen Gefühle ebenfalls auf dieser mentalen Leinwand abspielen
und wirf sie anschließend in die Schöpfungskiste mit den Worten:

„Alles, was in der Schöpfungskiste ist, IST."

Natürlich kannst du das Hineinwerfen der richtigen Zielformulierung, deines inneren Films mitsamt den begleitenden positiven Gefühlen in einem Schritt vollziehen. Wenn du diese Methode einige

Male geübt hast, wird dir das kompakte Programmieren immer besser gelingen.

Für mich ist das Programmieren meiner Ziele vergleichbar mit dem Fotografieren eines bestimmten Augenblicks. Wenn der innere Film zum Ziel, das ich auf meinem Kärtchen notiert habe, abläuft und sich das positive Gefühl dazu einstellt, drücke ich ab und schmeiße die zu diesem Zeitpunkt erfasste Sequenz in meine Schöpfungskiste.

Wenn du mehrere Ziele hast, wiederholst du die Zielprogrammierung für jedes einzelne Ziel.

Du wirst sehen, mit der Zeit benötigst du immer weniger Zeit, um in den Entspannungszustand zu kommen und die Filme auf deiner schöpferischen Leinwand abspielen zu lassen. Durch die freudvollen Gefühle, die deine Zielprogrammierung begleiten, hast du die Möglichkeit, die Vorfreude auf die Dinge, die du erwartest, länger zu genießen. Dann wird das erregende Erlebnis der Manifestation umso reicher und intensiver, auch wenn es oft nur von kurzer Dauer ist.

Die Verknüpfung

Weshalb soll ich meine Augen in den linken oberen Sichtbereich drehen, während ich meine Herzziele programmiere?

Wenn du etwas Neues erschaffen möchtest, ist es wichtig, dass du dein Ziel bereits tausendmal in deiner Vorstellung erreicht hast, bevor dein Körper dir dahin folgt.

Bei der Methode des NLP (neurolinguistisches Programmieren) lernst du unter anderem, dass du bei einem Gespräch mit einer Person, anhand der Augenstellung erkennen kannst, welche inneren Prozesse bei diesem Menschen aktiviert sind. NLP ist eine Summe der neusten Erkenntnisse der Psychologie, Sprach- und Gehirnforschung, um erfolgreiche Kommunikation sowie zielorientiertes Denken und Handeln zu verbinden und zu erlernen. Wenn man sich mit NLP beschäftigt, macht man sich damit vertraut, wie der Mensch „funktioniert", was Kommunikation ist und wie Veränderung vor sich geht.

Unser Gehirn verknüpft jeden Denkinhalt mit Gefühlen und Sinnesinhalten. Je nachdem, welche Sinne bei unseren Gedanken involviert sind, übernimmt das Gehirn die Steuerung unserer Augen. Wir nutzen diese Augen-Gehirn-Verbindung, um unserem Unterbewusstsein zu bestätigen, dass unser Herzziel eigentlich bereits Realität ist.

Beim neurolinguistischen Programmieren repräsentiert die Augenstellung „oben links" die visuelle Erinnerung. Wenn du zum Beispiel jemanden fragst: „Welche Farbe hat deine Unterhose?", wirst du feststellen, dass dein Gegenüber seine Augen, manchmal auch nur für Sekundenbruchteile, nach oben links richtet (aus deiner Sicht, wenn du die Person anschaust, nach oben rechts).

Die Augenstellung oben links bedeutet „sehen + Vergangenheit". Die Person sieht innere Bilder von Situationen oder Dingen, an die sie sich erinnert, oder sie erinnert sich an ein Erlebnis, das bereits geschehen ist. Die Augenstellung oben rechts bedeutet visuelle Konstruktion, „sehen + Zukunft".

Das heißt, wenn du jemand fragst, in welche Ecke würdest du den Schreibtisch stellen, wirst du feststellen, dass dein Gesprächspartner beim Überlegen seine Augen nach oben rechts dreht. Er versucht sich gerade etwas vorzustellen, das noch nicht geschehen ist.

„Ja, aber das ist doch genau was wir tun, wenn wir die inneren Bilder in Bezug auf das Herzziel konstruieren", denkst du dir vielleicht. „Weshalb archivieren wir unser Ziel in der linken oberen Ecke und nicht in der rechten?"

Die Augenstellungen verraten lediglich den Prozess des Gehirns, wenn jemandem augenblicklich etwas durch den Kopf geht.

Wenn du dein Herzziel, das du ja bereits definiert hast, wirkungsvoll programmieren möchtest, verleihst du der Umsetzung einen Turbo, indem du deinem Unterbewusstsein mit der Augenstellung in der linken oberen Sichtebene, das Feedback gibst, dass dein Ziel bereits Wirklichkeit ist. Das heißt, du lässt gar keinen Zweifel, dass es bereits IST. Wenn du den Blick nach oben richtest, fällt es dir auch leichter, deinen Film abzuspulen und bildlich zu visualisieren.

Richtest du deinen Blick nach unten, befindest du dich in der Gefühlsebene, es fällt dir dann leichter, die dazugehörigen Gefühle zu spüren.

Wichtig bei Linkshändern

Bei Linkshändern sind die oben genannten Angaben seitenverkehrt. Wenn rechts „konstruierte Zukunft" ist, dann ist beim Linkshänder die „konstruierte Zukunft" Augenstellung links. Dies gilt jedoch dann einheitlich für alle Augenstellungen.

SPRACHE DER AUGEN

Die Richtungen sind so eingezeichnet,
als stehst du einer Person gegenüber.

V = visuell (bildliche Vorstellung)
A = auditiv (Geräusche wahrnehmen)
K = kinästhetisch (gefühlte Vorstellung; Berührung,
     Empfinden, auch Geruch und Geschmack)
er = erinnert (erneut ins Gedächtnis zurückgeholt)
k = konstruiert (erfunden)
id = innerer Dialog

Das visuelle Hineinwerfen der Dinge, die ich mir wünsche, in die imaginäre Schöpfungskiste im linken oberen Augenwinkel, hat für mich auch den Vorteil, dass ich sofort merke, wenn mit dem Herzziel oder Wunsch etwas nicht stimmt.

Lässt sich mein Ziel nicht mühelos in der Kiste ablegen, dann weiß ich, dass der Wunsch nicht, oder noch nicht, mit meinem Herzen übereinstimmt.

Es kann sein, dass die Zielformulierung nicht gut gewählt ist, dass ich die Konsequenzen, die mit dem Ziel einhergehen, gar nicht tragen will, dass ich mir über das TUN noch keine Gedanken gemacht habe, oder dass mir der Wunsch, das Ziel schlicht zu wenig wichtig also kein echter Herzenswunsch ist.

Es kann aber auch sein, dass ich mich nicht auf der Wertschätzungs-ebene befinde, die mich befähigt, auf einer höheren Schwingungs-ebene fokussiert und inspiriert meine Herzziele zu programmieren.

Wenn du eine höhere Energieebene, wie die des Alphazustands, beim Programmieren einnimmst und mit dem Gefühl von Wertschätzung oder Dankbarkeit verbindest, durchflutet dich ein Wohlsein und be-seitigt alle Blockaden und Zweifel im Zusammenhang mit deinem Herzziel oder Vorhaben.

Das verstärkt zudem den Fluss der Anziehung. Wie du das Wertschät-zen üben kannst und dich auf diesen positiven Energielevel bringen kannst, zeige ich dir in den nachfolgenden Kapiteln.

Falls du merkst, dass du dich gegenwärtig nicht so gut fühlst, macht es Sinn, mit einer Wertschätzungs- oder Dankbarkeitsübung deine

Schwingung zu heben, bevor du anfängst, die Ziele zu programmieren.

Jedes Ziel, das ich mühelos ablegen kann, gibt mir die Gewissheit, dass es STIMMT, dass es WIRKT, dass es IST. Ich weiß, sobald ich mein Ziel, meine inneren Bilder und Gefühle im Endzustand in der Schöpfungskiste abgelegt habe, ist der Prozess in Gang gesetzt, mit dem es äußere Wirklichkeit wird.

Programmiere dein Ziel ungefähr eine Woche bis zehn Tage lang jeden Tag. Am besten eignet sich der Morgen nach dem Aufstehen, der Abend bevor du schlafen gehst oder ein anderer ruhiger Zeitpunkt. Für mich persönlich hat sich gezeigt, dass das Programmieren meiner Ziele am Morgen am besten funktioniert. Durch das bewusste Programmieren verleihe ich meinem Start in den Tag eine kraftvolle Qualität und positive Energie.

Produziere also deinen eigenen dreidimensionalen Videofilm und beende ihn immer mit dem Satz: „Alles, was in der Schöpfungskiste ist, DAS IST – so oder besser – zum Wohle aller – Danke". Danke sagen beinhaltet eine klare und bestimmte Erwartungshaltung und zieht mehr von dem an, wofür du dankbar bist.

Im Alltag und unterwegs

Du kannst die visuelle Schöpfungskiste auch als Werkzeug für unterwegs benutzen.

Wenn du damit beginnst, deine visuelle Schöpfungskiste überall im Alltag einzusetzen, wirst du auch viel bewusster wahrnehmen, wie oft du Gedanken denkst, die du eigentlich gar nicht denken möchtest. Du merkst, wie mächtig deine Gedanken sind, und du übst dich darin, bewusste Kontrolle über dein Denken zu haben. Du hast ein Werkzeug in der Hand, mit dem du dein Leben spielerisch, schöpferisch, absichtsvoll und bewusst gestaltest.

Das Wichtigste dabei ist die bewusste Beobachtung deiner Alltagsgedanken. Wenn du merkst, dass sich negative Gedanken, Ungeduld oder Ängste in dir breitmachen und du z. B. denkst, dass es bei allen anderen funktioniert nur bei dir nicht, dann lass dir von mir sagen:

Erfolgreiche Menschen haben nicht weniger Misserfolg, sie gehen nur anders damit um. Wenn etwas nicht funktioniert, fragen sie sich: „Was muss ich tun oder ändern, damit es funktioniert?" Sie richten ihr Augenmerk auf die Lösung und lassen sich auch durch einen Schritt zurück nicht entmutigen. Sie agieren aus ihrer Mitte ohne Ängste und Zweifel.

Um diese innere Stärke zu erfahren und den Alltagsstress hinter dir zu lassen, der dich im Geiste einschränkt, möchte ich dir noch eine Möglichkeit an die Hand geben, genau diesen Stress, die Ängste und Sorgen, die limitierend auf uns wirken, loszulassen.

Es gibt zahlreiche Methoden und Übungen, anhand derer du lernst, dich abzugrenzen, Resilienz zu üben. Eine sehr effektive und wirkungsvolle von ihnen ist diese Meditationsübung, die dich garantiert dein inneres Lächeln und Licht erfühlen lässt und dich mit einer wohligen Zufriedenheit umgibt.

Kapitel 10
Die Kraft der Meditation

Meditation ist eine wunderbare Übung, eine Beziehung mit unserem Bewusstsein aufzubauen. Sie hilft uns, Ängste und Sorgen loszulassen, indem wir die Position eines Beobachters einnehmen. Sie löst Stress, fördert Gleichmut und Klarheit und macht zufriedener.

Eine der wichtigsten Fähigkeiten im Leben ist meiner Meinung nach das Fokussieren, und das hängt eng mit der Lebenszufriedenheit zusammen. Seit einigen Jahren erforschen auch Wissenschaftler, was Meditation an Lebenszufriedenheit bringen kann. Mittels Gehirnscans konnten sie aufzeigen, dass bei regelmäßiger Ausübung einer auf Achtsamkeit basierenden Meditation eine geringere Dichte der grauen Substanz in der Amygdala vorzufinden ist. Wie wir bereits wissen, spielt die Amygdala bei der Verarbeitung von Angst und Stress eine große Rolle. Dafür wurde mehr Dichte im Hippocampus und den Regionen nachgewiesen, die für Selbstwahrnehmung und Mitgefühl zuständig sind. Die Teilnehmer berichteten nach acht Wochen, besser mit Stress umgehen zu können.

Weiter fanden die Wissenschaftler heraus, dass durch regelmäßige Meditation das Gehirn flexibler und fokussierter arbeitet. Menschen mit eher niedergedrückter Stimmung haben oft viele umherschweifende Gedanken und Mühe, sich auf eine Sache zu fokussieren. Wenn

179

wir ganz bei der Sache sind, egal ob beim Wäsche waschen oder einer gedanklichen Aufgabe, sind wir am zufriedensten.

Gerade falls du unter Ängsten leidest, kann diese Übung, auf dem Weg deine Angst loszulassen, eine der wichtigsten werden. Stell dir vor, dass du immer wieder an etwas denken musst, wovor du Angst hast. Wie eine Schaltplatte auf einem Plattenspieler, läuft dein Angstfilm unaufhörlich auf deiner Festplatte im Kopf ab. Es fällt dir sehr schwer, dagegen anzugehen. Viele Menschen mit Ängsten haben dieses Problem. Regelmäßiges Meditieren hilft dir in dieser Situation, dich gedanklich woanders hinzuwenden und den Fokus zu halten.

Es ist aber auch eine wunderbare Übung, um deine gesetzten Herzziele in Schwung zu halten. Wie ich in den vergangenen Kapiteln bereits erklärt habe, ist das Fokussieren, die Entscheidung sich auf etwas festzulegen, eine der wichtigsten Faktoren zur Erreichung deiner Ziele. Das beinhaltet auch das richtige Timing. Du hast sicher auch schon die Sprichwörter „Die Zeit war reif für die Idee" und „Zur richtigen Zeit am richtigen Ort" gehört. Das beinhaltet auch das Erkennen der Gelegenheit. Indem du das Fokussieren mittel Meditation übst, öffnest du gleichzeitig auch deinen Geist und erfährst dich selber auf natürliche Weise als Freude und als pures Sein.

Die Stunden, die ich in Meditation verbringe, gehören zu den schönsten und erfülltesten in meinem Leben. Oftmals brauche ich einige Zeit, bis ich die Alltagsgedanken und meine innere Unruhe loslassen kann und mich beruhige. Manchmal ärgere ich mich über mich selber, dass ich nicht loslassen kann, doch sobald die Meditation fließt und die Gedanken sich verziehen, spüre ich mehr und mehr Besonnenheit und Freude.

Um zu meditieren, brauchst du nicht spirituell oder religiös zu sein. Ich kam mir am Anfang etwas komisch vor und ging die Sache eher verkrampft als locker an. Ich habe mich einer Gruppe angeschlossen, die einmal wöchentlich meditiert, und gleich gemerkt, dass dort Menschen wie du und ich sitzen und keine Shaolin-Mönche oder geistig abgehobene Sandalenträger. Wenn du die Meditation spielerisch und spontan angehst, kann sie schnell reiche Früchte bringen. Natürlich ist eine gewisse Festigkeit der Absicht nötig, denn Meditationen bringen nur etwas, wenn du sie über einen längeren Zeitraum und vor allem regelmäßig machst.

Mediationsanleitung: Das innere Lächeln

Nachfolgend zeige ich dir eine einfache, aber überaus schöne Meditation, die sich auch gut für Anfänger eignet. Sie steigert dein eigenes Körperbewusstsein und dein Glücksgefühl.

Schließe deine Augen und setze dich aufrecht und entspannt hin. Die Füße ruhen auf dem Boden, du spürst den Kontakt zur Erde unter deinen Fußsohlen. Nimm deine Atmung wahr, wie sie kommt und geht. Mach nun einige bewusste tiefe Atemzüge tief in den Bauchraum und lasse dann den Atem sanft fließen.

Sobald du spürst, dass du entspannter und ruhiger wirst, lass ein leichtes Lächeln um deine Lippen spielen, das sich nach und nach in deinem ganzen Gesicht, über die Nase, die Ohren und die Augenwinkel ausbreitet, bis hin zu Nacken und Unterkiefer.

Lächle jetzt nach und nach in deinen gesamten Körper hinein. Spüre, wie sich das Lächeln von innen über deinen ganzen Kör-

per ausbreitet. Über den Hals, in den Brustkorb, in deine Lungen. Atme in deine Lunge. Lächle ganz bewusst in deine Lunge und bedanke dich, dass sie unermüdlich den Sauerstoff zu deinen Körperzellen transportiert. Hülle deine Lunge in das strahlende Weiß einer Wolke.

Konzentriere dich jetzt auf die anderen Organe. Wende dich dem Rhythmus deines Herzens zu. Atme und lächle in dein Herz. Hülle dein Herz in ein kräftiges Rot einer untergehenden Abendsonne und verweile eine Zeit bei ihm.

Spüre dann deine Milz, sie ist links unter den Rippenbögen. Hülle die Milz in ein kräftiges Gelb und lächle deine Milz an. Spüre deinen Atem, wie er ruhig fließt.

Nun bringst du deine ganze Energie in deine Leber. Sie ist rechts unterhalb der Rippenbögen. Atme und lächle in deine Leber. Hülle deine Leber in das saftige Grün einer Wiese.

Nun gehst du zu deinen Nieren über. Atme und lächle in deine Nieren. Hülle deine Nieren in tiefes kräftiges Blau.

Verweile einige Zeit so und spüre das Lächeln, wie es durch den ganzen Körper fließt. Komme dann langsam zurück, indem du deine Füße und Hände wieder bewegst und deinen Körper wieder wahrnimmst.

Kapitel 11
Meine Top-3-Umsetzungsturbos

Um die Erreichung deiner Herzziele, die du visualisiert und in deine Schöpfungskiste gelegt hast, zu verstärken und zu beschleunigen, gebe ich dir in den nachfolgenden Kapiteln meine Top-3-Umsetzungsturbos an die Hand.

Turbo Nr. 1: Innere Gewissheit

Gefühl des Wissens verankern. Gewissheit zu haben bedeutet zu vertrauen, und Vertrauen entspringt ebenfalls dem Herzen.

Du hast mit deinem Verstand überprüft, ob dein Herzziel umsetzbar ist, dir allenfalls Teilziele gesetzt und deine Ziele im Alphazustand programmiert. Du hast jetzt die innere Gewissheit, dass deine Ziele gegenständlich werden.

Das Gefühl, das dir dieses Wissen beschert, nenne ich das Gefühl des Wissens. Es entspringt dem Herzen, und du kannst dieses Gefühl der Freude und Sicherheit auch körperlich in ihm spüren.

Dieses innere Wissensgefühl gilt es nun zu verankern. Du kannst voll und ganz dem Prozess vertrauen, den du mit der Zielprogrammierung gestartet hast.

Nimm dieses innere Wissen mit in deinen Alltag und erfreue dich jetzt schon an dem, was du damit erreichst. Du weißt, dass du den Kieselstein, der alles ins Rollen bringt, platziert hast. Verfolge weiterhin deine Schritte und Teilziele und frage dich jeden Morgen beim Aufwachen, was du TUN kannst, um deinem Herzziel näher zu kommen.

Mit dem Gefühl des Wissens, dass die Dinge kommen, übst du die Kunst des intelligenten Wartens, denn das Neue braucht für sein Eintreffen seine Zeit, wie du bei Angelikas Fachwerkhaus-Vision gesehen hast. Das heißt aber nicht, dass wir nur abwarten und nichts tun, sondern es heißt, dass wir in der Leichtigkeit des Gefühls des Wissens die Zeit als zweitrangig empfinden und Geduld keine Anstrengung ist. Du wirst merken, Türen öffnen sich, Leute tauchen auf, Ereignisse treffen wie zufällig aufeinander. In diesem Flow-Zustand empfindest du keine Ungeduld und keinen Zweifel, weil du weißt, dass sich deine Ziele manifestieren werden.

In diesem Gefühl der Leichtigkeit zu bleiben, ist überaus wichtig, weil du damit deine Schwingung mit der Schwingung dessen, was sich in deinem Leben manifestieren soll, in Übereinstimmung bringst. Das, was du dir in dein Leben wünschst, kann dadurch schneller entstehen.

Mit Ungeduld blockierst du den Prozess, in dem sich die richtigen Dinge entfalten. Es gibt Zeiten, in denen du äußerlich nicht wahrnehmen kannst, dass etwas in die richtige Richtung passiert. Aber innerlich machst du große Veränderungen, welche dich befähigen, das Gewünschte anzuziehen.

Bleibe im Fluss des Vertrauens. Wenn du in die Ungeduld abgleitest, indem du mit dem Verstand schneller Ergebnisse erzwingen möchtest, breitet sich Frustration aus, dein Urteilsvermögen wird eingeschränkt und falsche Entscheidungen sind die Folge.

Wenn du dich in deinem Herzen, dem Vertrauen und dem Gefühl des Wissens, dass es „ist, wie du denkst", sicher bist, dann werden auch die Schritte, die zur Erreichung des Herzziels notwendig sind, einer nach dem anderen folgen.

So, wie du auch nicht an dem bekannten „Grashalm" ziehen kannst, damit er schneller wächst, so kannst du mit Ungeduld auch nicht das Eintreffen des Gewünschten forcieren.

Im Gegenteil, mit Ungeduld unterbrichst du die Schwingung der Frequenzen, die du mit der Zielprogrammierung eingestellt hast. Dies ist, wie wenn du bei einem Walkie-Talkie die Frequenz des Senders verstellen würdest und dich deshalb die Nachricht des Senders nicht mehr erreichen kann.

WISSE, FÜHLE und es WIRD

Übe dich, das Gewünschte mit Ruhe und innerem Wissen auf dich zukommen zu lassen. Eine gelassene Haltung wirkt wie ein Magnet, der gar nicht anders kann, als die Schritte anzuziehen, die du zur Erfüllung deines Herzenswunsches brauchst.

Vertrauen heißt wissen, dass es eine Vorsehung und die dazugehörigen Naturgesetze gibt, wie das der Resonanz und das von Ursache und Wirkung, die dich darin unterstützen, deine Herzziele auf die richtige Weise zum richtigen Zeitpunkt umzusetzen.

Wenn du das Gefühl hast, ohne eine bestimmte Sache nicht leben zu können, oder dass dein Wohlergehen von dieser Sache abhängt, dann stößt du ab, um was du bittest.

Dein Ziel ist wesentlich einfacher zu manifestieren, wenn kein dringliches Bedürfnis mit einer verbissenen Umsetzung deines Ziels verbunden ist.

Lass los, vermeide Ungeduldsgefühle. Lass deine Sorgen und Ängste nicht in den Prozess einfließen, sondern übernimm die Verantwortung für das Resultat und bau darauf, dass alles zu deinem Besten geschieht.

Das innere Wissen können wir noch ganz gezielt mit einem Gefühl verbinden, welches uns durch das Erhöhen der Schwingungsfrequenz direkt den Weg zum Herzensziel weist. Damit beseitigst du die letzten inneren Widerstände, und das Gesetz der Anziehung kann ungehindert fließen.

Ich erzähle dir dazu eine kleine persönliche Geschichte:

Als ich mit siebenundzwanzig Jahren meine Zusatzausbildung zum Marketingplaner erfolgreich beendet hatte, habe ich mir überlegt, für welche Firmen ich gerne mal arbeiten würde.

In der Schweiz gab es einen Autokonzern, ich war seit meiner Kindheit ein Fan ihrer Marke. Diese Firma stand ganz oben auf meiner „Für dieses Unternehmen würde ich gerne arbeiten"-Liste.

Zufälligerweise bekam ich bei meinem nächsten Job genau diese Firma in mein Kundenportfolio zur Betreuung zugeteilt. Ich konnte mich also dem Unternehmen bereits auf der Lieferanten-seite annähern.

Leider änderte der Konzern dann seine IT-Strategie und ging keine Partnerschaft mehr mit dem Unternehmen ein, für das ich als Account-Managerin tätig war.

Es vergingen einige Jahre, bis ich ganz in die Nähe dieses Autoherstellers zog. Ich heiratete, bekam zwei wunderbare Töchter und mein Fokus war erst mal in eine andere Richtung gepolt.

Als meine zweite Tochter in den Kindergarten ging, trennte ich mich von meinem Mann. Ich wollte unbedingt meinen eigenen wirtschaftlichen Beitrag erbringen, damit wir beide ein anständiges Leben weiterführen können.

So entschloss ich mich, eine Fünfzig-Prozent-Stelle zu suchen. Aber natürlich nicht irgendeine. Ich fuhr zu dem Konzern hin, stellte mich davor und sagte: „Hier arbeite ich in nächster Zukunft. "

Das war an einem schönen Frühlingstag im Mai, und Mitte August desselben Jahres war mein erster Arbeitstag. Ich habe meinen Herzenswunsch als konkretes Ziel auf einem Kärtchen notiert, in meiner visuellen und realen Schöpfungskiste abgelegt und die Zielprogrammierung ein paar Tage durchgeführt.

Jedes Mal, wenn ich einkaufen ging und bei dem Unternehmen vorbeikam, wusste ich, dass ich bald hier arbeiten darf, und das Gefühl der Vorfreude überströmte meinen Körper. Das Gefühl der Freude war ja bereits real, und so war es, als hätte ich den Ver-

trag bereits unterschrieben. Nur das Einstellungsdatum war noch nicht bekannt.

Natürlich habe ich auch entsprechende Schritte und Handlungen unternommen, denn es kommt ja niemand und klopft an deine Tür und fragt, ob du eventuell noch einen Job gebrauchen kannst.

Ich nahm Kontakt auf zu einer Frau, die ich kannte, weil ich wusste, dass sie im Unternehmen arbeitete. „Zufällig" war die Frau des Geschäftsleiters zu dieser Zeit in derselben gemeinnützigen Einrichtung tätig wie ich. Der Rest ging dann wie von alleine.

Turbo Nr. 2: Wertschätzung und Achtsamkeit

Das Spiel der Wertschätzung ist höchst effizient, denn es hebt deine Schwingungsfrequenz direkt an und du fühlst dich besser.

Sobald du dich besser fühlst, verringert sich dein Widerstand und dein Fokus in Richtung Herzensziel verbessert sich. Durch den erhöhten Aufmerksamkeitsfokus hilft dir deine innere Führung, damit dir bestimmte Beziehungen, Erfahrungen und Empfindungen zur richtigen Zeit am richtigen Ort widerfahren.

Durch die Freude, die du fühlst, erhöhst du die Schwingungsfrequenz, und sie unterstützt dich auf eine angenehme Weise, deinen Traum zu verwirklichen. Das ist ein universelles Gesetz.

Durch die Wertschätzungsübung lernst du, deine Schwingungsfrequenz so einzustellen, dass dein Herzziel leicht und problemlos in die

Realität gelangen kann. Schon früher hast du im Alltag Wünsche und Bitten geäußert, und das Universum hat geantwortet.

Nur hast du dich vielleicht in Disharmonie mit deiner eigenen Schwingung befunden, sodass die Antwort deinen Zielen nicht entsprochen hat, weil du gar nicht in der Lage warst, das Gewünschte zu empfangen. Die Haltung der Wertschätzung bringt dich in eine Schwingung, die mit der Schwingung des Herzzieles übereinstimmt. Durch die Wertschätzungsübung wirst du dich innerlich öffnen, damit das Gewünschte zu dir gelangen kann. Es bereitet dich auf den Umgang mit der neuen Situation vor.

Stell dir das so vor: Du schwingst im Moment in einer Situation auf einer bestimmten Frequenz. Dein Ziel, das du anstrebst, schwingt auf einer anderen Frequenz. Die Angleichung der Frequenzen braucht Zeit und Vorbereitung.

Mit der Wertschätzungsübung beschleunigst du diese Angleichung der Frequenzen. Sie ist mit Huygens' Experiment der Synchronisation mehrerer Metronome vergleichbar. Metronome sind bekannt dafür, dass sie stundenlang den Takt halten. Doch wenn sie nebeneinander schlagen, passen sie sich schon nach drei Minuten alle rhythmisch aneinander an, alle schlagen im gleichen Tempo.

Schau dir das Metronom-Experiment auf YouTube an: http://bit.ly/Synchronisation

In der Biologie gibt es eine Vielzahl solcher Synchronisationsphänomene, die alle zu einem kohärenten Verhalten führen. So leuchten beispielsweise in Glühwürmchen-Populationen alle vollkommen synchron. Denke auch an die synchronen Bewegungen in einem Fisch-

oder Vogelschwarm oder das absolut synchrone Zusammenzucken der rund 10.000 Schrittmacherzellen im Sinusknoten des Herzens oder die Synchronisation der Menstruationszyklen von Frauen, die zusammenleben.

Bei all diesen Beispielen ist die gleiche Regel am Werk, die durch Kohärenz geschaffen wird: das Gesetz der Resonanz, auch das Gesetz der Anziehung genannt.

Denke „PAN": Wertschätzung und Achtsamkeit

Übung:
Die Wertschätzungs- und Achtsamkeitsübung

Beginne, indem du dich ruhig hinsetzt, zweimal langsam tief ein- und ausatmest. Damit regst du dein körpereigenes System an, sich zu verlangsamen, und kannst dich besser konzentrieren.

Such dann in deiner unmittelbaren Umgebung etwas, das du als angenehm empfindest. Konzentriere dich auf dieses Objekt und denke darüber nach, wie prachtvoll, attraktiv und nützlich es ist. Du wirst merken, je länger du dich auf diese Weise auf den Gegenstand konzentrierst, desto mehr werden deine positiven Gefühle gegenüber dieser Sache zunehmen.

Das Wohlgefühl sollte jetzt spürbar stärker sein. Wertschätze, wie du dich fühlst, und verharre in diesem Schwingungsbereich so lange, wie es dir angenehm ist.

Je länger du diese Wohlfühlfrequenz aufrecht erhältst, desto mehr Begebenheiten, Dinge und Menschen passend zu deiner Schwingung werden angezogen.

Ich habe die Abkürzungen für die Wörter prachtvoll, attraktiv und nützlich einerseits bewusst gewählt, weil ich sie mir gut merken kann. Pan, die ersten drei Buchstaben in meinem Nachnamen, bedeutet aber auch „umfassend" und „ganz". In der griechischen Mythologie wurde Pan als Naturgottheit bekannt, eine Figur, die Felder und Wälder verkörpert und für Kraft und Gerechtigkeit steht. Dies nur als kleine Abschweifung.

Die Wertschätzungsmethode ist so einfach wie genial. Häufiges Praktizieren der Wertschätzungsübung hilft dir, dich damit vertraut zu machen, wie höhere Schwingungen sich anfühlen.

Das Durchführen der Wertschätzungsübung hat weiter den Vorteil, dass du automatisch immer weniger Widerstand gegen dein Ziel ausstrahlst.

Am Anfang ist es gut, wenn du täglich zehn bis fünfzehn Minuten für das Üben einplanst. Wenn du dann erfahren hast, wie das bewusste Anheben der Schwingungsfrequenz funktioniert, und es ein paar Tage genossen hast, wirst du automatisch dazu übergehen, diese Technik den ganzen Tag über anzuwenden.

Du kannst sie in vielen Alltagssituationen einbauen, ein paar Sekunden da, ein paar Sekunden dort. Du brauchst dich dafür nicht hinzusetzten oder hinzulegen. Du kannst es überall praktizieren, wo du gerade bist.

Die Wertschätzungsmethode ist so ein machtvolles Instrument, weil du dich damit innerlich öffnest und fühlst, wie dir vor Freude das

Herz aufgeht. Die Verbundenheit mit deinem wahren Sein wird aktiviert, und durch diese Kohärenz kannst du noch deutlichere Führungsimpulse aus deinem inneren Sein empfangen.

Suche so viele Gegenstände oder Dinge wie möglich, gegenüber denen du die Wertschätzungsübung praktizieren kannst.

Zum Beispiel am Morgen, wenn du zur Arbeit gehst, kannst du den neuen Kreisverkehr wertschätzen, der prachtvoll, attraktiv und nützlich ist, weil du fortan nicht mehr an der Ampel Schlange stehen musst wie früher.

Oder schau dir an, durch welch schöne Landschaft du auf dem Weg zur Arbeit kommst, und schätze die Natur wert. Das neue Einkaufszentrum haben sie unweit von deinem Zuhause gebaut, so dass du es nicht mehr weit zum Einkaufen hast. Wertschätzen kannst du unzählige Dinge in vielen Alltagssituationen.

Es funktioniert auch, wenn du keine Ahnung vom Gesetz der Anziehung hast. Diese Übung gibt dir ein gutes Gefühl durch den ganzen Tag, ein inspirierender Strom glücklicher Gedanken ist die Folge und die Dinge, die du dir wünschst, haben durch die angehobene Schwingungsfrequenz die Möglichkeit, frei in dein Leben zu fließen.

Ich persönlich liebe diese Übung und praktiziere sie ganz konkret in Bezug auf jedes meiner Ziele. Dazu erzähle ich dir ein kurzes persönliches Beispiel:

Unweit von meinem damaligen Wohnort war ein Stück Bauland. Von da aus hast du eine herrliche Aussicht, und es liegt politisch gesehen in derselben Dorfgemeinde, so dass meine Kinder nach

der Trennung meines Mannes in dieselbe Schule gehen könnten.
Hier möchte ich mein Haus bauen, fing ich an zu träumen. Das
Land sei unverkäuflich, sagte man mir aus nächster Quelle.

Ich habe trotzdem die Telefonnummer der Besitzer herausgefun-
den und rief an. Die Frau am anderen Ende war sehr nett und
sympathisch. „Da haben schon viele vor Ihnen angerufen, aber
wir wollen das Land nicht verkaufen", winkte sie freundlich ab.
Das Telefongespräch war somit beendet. Daraufhin ging ich zu
der Wiese, setzte mich hin und dachte „pan".

Schau mal, wie prachtvoll, attraktiv und nützlich dieses Land ist,
fing ich in meinem Kopf an, mit mir selbst zu plaudern. Sofort
spürte ich, wie die Energie zu fließen begann. Es war eine Energie
voller Freude, voller Enthusiasmus. Ich verblieb sicherlich eine
halbe Stunde in dem Gefühl und genoss es.

Ich wiederholte dies jedes Mal, wenn ich an dem Grundstück
vorbeispazierte. Etwa zwei Monate später griff ich wieder zum
Hörer und rief beim Besitzer an. Dieselbe sympathische Stimme
war am Hörer. „Ich habe vor einiger Zeit schon mal angerufen,
erinnern Sie sich? Ich habe gedacht, ich frage mal nach, vielleicht
haben Sie es sich ja anders überlegt mit dem Landverkauf", stot-
terte ich fragend.

Am anderen Ende schallte ein Lachen, aber immer noch freund-
lich. „Wissen Sie, wir sind zwar schon alt und machen bestimmt
nichts mehr mit dem Land in unserem Leben. Aber wir haben
Kinder und Enkelkinder. Vielleicht wollen die Mal etwas damit
unternehmen." „Ja, das verstehe ich, ich würde es wahrscheinlich
auch nicht verkaufen wollen", entgegnete ich.

Ich erzählte ihr dann, wie ich überhaupt auf dieses Grundstück gestoßen bin, und dass es für mich und die Kinder ein toller Platz wäre, zumal wir in derselben Straße eine Familie kennen, mit denen wir und die Kinder befreundet sind.

Die Frau am anderen Ende hörte mir zu, und wir hatten ein lustiges Gespräch, das mit dem Satz endete: „Tut mir wirklich leid, wissen Sie, wir müssen das Land nicht verkaufen, und mein Mann hängt daran, da er ganz in der Nähe aufgewachsen ist."

*Ich ging wieder zu dem Grundstück hin, schaute es aber diesmal aus ein paar Meter Entfernung an. Ich dachte wieder „**pan**". Schau nur, wie **p**rachtvoll, **a**ttraktiv und **n**ützlich dieses schöne Fleck Erde ist. Genau das Richtige für mich und meine Kinder. Ich spürte wieder, wie die Energie durch mein Herz strömte. Es fühlte sich an wie ein Sonnenaufgang, und ich spürte meine Verbindung zu diesem Grundstück. Eine innere Gewissheit, dass der Erwerb dieses Grundstück zum Wohle aller und trotz zweimaliger Absage Wirklichkeit wird, beflügelte mich.*

Ich konnte es in der linken oberen Augenposition bildlich denken. Ich konnte es in der Schöpfungskiste ablegen. Also wusste ich, die Verbindung, die ich spürte, IST bereits. Etwa einen Monat später, es war ein schöner Frühlingstag, der Geburtstag meines Bruders. Da dachte ich am Morgen beim Aufstehen, ich sollte die netten Grundstückbesitzerin wieder anrufen, vergaß es aber während des Morgens. Am späteren Nachmittag, als ich die Kinder zum Kinderturnen brachte, klingelte das Telefon. Frau Grundstückbesitzerin war dran. „Ich habe Sie heute Morgen schon zu Hause angerufen, da waren Sie leider nicht da. Wissen Sie was? Wir verkaufen Ihnen das Land."

Mir stockte der Atem. „Ehrlich, wirklich?", stammelte ich vor lauter Freude.

„Ich und mein Mann haben mit unseren Kindern und Enkelkindern gesprochen, und eigentlich haben alle bereits andere Pläne im Leben, als etwas mit der grünen Wiese anfangen zu wollen. So haben wir nach langer Diskussion entschieden, dass Sie mehr damit anfangen können, und wenn so die Straße auch wieder mit Kindern belebt werden kann, ist uns das mehr als recht."

Ich war außer mir, jede meiner Körperzellen drehte durch und tanzte Samba. „Sie wissen gar nicht, wie ich mich freue", bedankte ich mich und verabredete mich gleich, um die Details zu besprechen. So ist der Geburtstag meines Bruders auch ein wenig zu meinem Geburtstag geworden.

Turbo Nr. 3: Dankbarkeit

„Dankbarkeit ist das Gedächtnis der Herzens." Ein Zitat von Jean-Baptiste Massillon, französischer Bischof und Prediger.

In der Tat ist Dankbarkeit eine der höchsten freudvollen Gefühlsformen. Dankbarkeit verändert die Chemie des Körpers positiv und erzeugt ein Wohlgefühl. Wenn du dankbar bist, kannst du keine negativen Gefühle haben. Probiere das aus! Das geht rein gedankenphysikalisch nicht. Dankbarkeit ist ein Wert, der ganz wesentlich zu unserem Glück und unserer Zufriedenheit beiträgt. Dankbar sein bringt uns genau wie die Wertschätzungs- und Achtungsübung auf eine höhere Schwingungsebene. Aber warum verbringen wir den Tag dann nicht immer in Dankbarkeit?

Unser Alltag wird oft von Routine und Pflichten beherrscht. Viele von uns haben das Gefühl, dass sie ganz viele Stunden am Tag funktionieren müssen. Alles, was den Ablauf stört oder unseren Plänen im Wege steht, wird mit Beschimpfung oder Verachtung bestraft.

Am Morgen regst du dich bereits auf, weil du im Kinderzimmer die Socken zum tausendsten Mal vom Boden aufhebst, bist gestresst, weil der Bus mal wieder Verspätung hat. Und genau kurz vor der Besprechung funktioniert natürlich der Kopierer wieder nicht.

Beim Einkaufen empfindest du es als Ohrfeige des Schicksals, dass gerade die Größe des Schuhs, der dir als einziges gefällt, ausverkauft ist. Am Abend sitzt du dann mit dem Partner am Tisch und berichtest von dem schlechten Tag und all den Ungerechtigkeiten des Lebens.

Und worüber hast du dich heute schon so richtig gefreut? Wofür warst du heute dankbar?

Darüber wissen wir meist nicht so viel zu berichten. Oder würdest du erwähnen, wie toll das Kinderzimmer aufgeräumt war? Oder dass du heute ausnahmsweise mal einen Sitzplatz im Bus bekommen hast? Oder dass ein Kollege netterweise geholfen hat, den Papierstau im Kopierer zu beheben, oder vielleicht dass die nette Schuhverkäuferin in jeder Außenfiliale angerufen hat, um deine Größe zu finden?

Das, was gut und schön ist in unserem Leben, nehmen wir oft für selbstverständlich hin und übersehen dabei die positiven Dinge. Wir richten den Fokus auf die negativen Dinge und vergessen dabei, die schönen Dinge bewusst wahrzunehmen und Dankbarkeit zu fühlen.

„Dankbarkeit ist das Gedächtnis des Herzens."

(Jean-Baptiste Massillon)

Es braucht eine gehörige Portion Achtsamkeit, die kleinen positiven Dinge wahrzunehmen, für die wir dankbar sind. Diese Achtsamkeit übst du bereits mit der Wertschätzungs- und Achtsamkeitsmethode.

Darüber hinaus lege ich dir ans Herz, dir ein kleines Dankbarkeitstagebuch anzulegen, indem du täglich, am besten abends, aufschreibst, wofür du heute alles dankbar warst.

Frage dich jeden Tag:

– Was gibt es Gutes in meinem Leben?

– Was ist heute Schönes passiert?

– Was würde mir fehlen, wenn ich es nicht mehr hätte?

– Was hat mich heute zum Lächeln gebracht?

– In welchen Bereichen geht es mir besser als anderen Menschen?

– Was hat mir heute Freude gemacht?

Schau auch, dass du die Dinge, für die du Dankbarkeit empfindest, als Emotion der Dankbarkeit in deinem Körper fühlst. Wenn du dich einen Moment lang darauf konzentrierst, wirst du merken, wie dich ein Gefühl der wohligen Wärme, der Kraft und Energie durchströmt. Verweile eine Zeit in der Verbundenheit mit dem Guten.

Je mehr du fähig bist, für dich selber Dankbarkeit zu empfinden, desto mehr kannst du auch anderen gegenüber deine Dankbarkeit zeigen.

„Die dankbaren Menschen geben den anderen Kraft zum Guten."

(Albert Schweitzer)

Dankbarkeit im Äußeren zu zeigen, lohnt sich immer. Sie fördert auf mehrere Arten das Wohlbefinden von dir und anderen und hat weitere positive Effekte auf dein Leben.

Frage dich deshalb zwischendurch ganz bewusst, wem gegenüber (Freunden, Bekannten, Verwandten oder Familie) bin ich dankbar und wem gegenüber könnte ich meine Dankbarkeit zum Ausdruck bringen?

Du musst die Person ja nicht gleich mit Geschenken überhäufen, eine Karte mit einem Smiley, eine selbstgepflückte Blume oder auch einfach nur ein Dankeschön mit einem Lächeln genügt.

Übrigens wurde der Smiley weltbekannt, als eine amerikanische Versicherungsgesellschaft dem Werber Harvey Ball den Auftrag gab, etwas zu entwerfen, das die Mitarbeiter tagtäglich motivieren sollte. Also zeichnete er einen Kreis, malte ihn gelb aus, dann setzte er noch zwei Punkte hinein, darunter einen Halbkreis und der Smiley war geboren. Diese Ansteckbuttons wurden dann auch an die Kunden des Unternehmens verteilt und der Smiley rasch so populär, dass er schon wenige Monate später weltweit bekannt war.

Nachwort und Schluss mit Ausreden

Ich habe dir in diesem Buch zahlreiche Informationen zusammengetragen und war dabei immer darauf bedacht, dir die Dinge möglichst ganzheitlich darzustellen. Ich danke dir, dass du bis hierhin gelesen hast, und ich hoffe, du konntest für dich einige neue Erkenntnisse mitnehmen. Vieles hast du vielleicht schon gekannt und hattest dir selbst schon enormes Wissen angeeignet. Doch wie es so ist, belassen wir die Dinge oftmals bei einem theoretischen Wissen.

Wie bereits am Anfang des Buches erwähnt, habe ich für dich eine Zusammenfassung der wichtigsten Übungen als „Schritt für Schritt"-Workbook zusammengestellt, das du unter www.petrapanholzer.com/mehr/workbook kostenlos herunterladen kannst.

Das Workbook soll dir helfen, die im Buch beschriebenen Übungen direkt umzusetzen und in deinen Alltag zu integrieren. Denn Wissen ist nur dann etwas wert, wenn du es anwendest. Am Anfang ist es vielleicht schwer, aber bald wirst du die Übungen ganz nebenbei in deinen Tag einbauen, und sie werden so selbstverständlich, wie wenn du dir mal eben einen Tee einschenkst.

Du wirst durch die Erkenntnisse der Realitätsregel und deinen geänderten Mindset dein Energiefeld automatisch positiv verändern und so viele positive Menschen und Umstände in dein Leben ziehen. Indem du immer selbstbestimmter wirst, wird es dir auch immer leichter fallen, dein wahres Ich zu leben. Erst dadurch erfährst du deine eigene Schöpferkraft und erkennst, dass du oftmals nur eine Rolle gespielt hast – meistens die Rolle eines Opfers.

Mir hat es sehr viel Freude bereitet, dieses Buch zu schreiben, und über ein Feedback mit deinen ganz eigenen Erfahrungen würde mich sehr freuen. Du kannst mich unter hello@petrapanholzer.com direkt kontaktieren und deine Gedanken mit mir teilen oder deine Inputs unter www.facebook.com/petrapanholzercom kundtun.

Zum Abschluss möchte ich dir noch etwas ganz Besonderes ans Herz legen. Gerade, wenn du in einer Situation steckst, in der du denkst: „Alles ist wieder mal gegen mich, alles ist mühsam." Wenn nichts so vorwärtsgeht, wie du denkst, und Unzufriedenheit oder Ängste sich breit machen und du das Gefühl hast, nichts funktioniert, dann sei dir bewusst, dass dies nur ein Zeichen ist, innezuhalten und Ruhe zu finden.

Nimm dir am Tag zusätzlich 10–20 Minuten Zeit und gehe in die Meditation „Das innere Lächeln", wie ich es dir beschrieben habe.

Wenn du einmal den Genuss des inneren Lächelns erfahren hast, dann hast du ein wertvolles Werkzeug, das dir dabei hilft, glücklich zu bleiben. „Lachen ist die beste Medizin", sagt der Volksmund zu recht. Im Augenblick des Lachens wird die Durchblutung verbessert, die Muskeln entspannen sich und Endorphine werden ausgeschüttet. Das Immunsystem wird gestärkt, der Sauerstoffgehalt im Blut steigt an und der Gehalt an Stresshormonen im Blut (das Adrenalin und Cortisol) dagegen sinkt ab.

In diesem Sinne wünsche ich dir ein Leben voller Lächeln.

Deine
Petra Panholzer

Danksagung

Wenn mich jemand fragt, wie lange ich gebraucht habe, um dieses Buch zu schreiben, antworte ich ganz ehrlich: ein paar Monate und davor zehn Jahre und davor mein ganzes Leben.

Denn dieses Buch ist das Werk all jener, welche Anteil an der Entwicklung meiner Gedanken und meines Geistes haben.

Allen voran natürlich meinen Eltern und den Lehrern in der Schule, die das Wesentliche zu meinem affektiven Gleichgewicht beigetragen haben. Meiner Mutter, die nie an mir zweifelte, wenn ich wieder mit meinen Wahrnehmungen auf sie zukam. Auch über die Eigenart der Synästhesie konnte ich mich bereits als Kind ausgiebig mit ihr austauschen, da sie diese Fähigkeit ebenfalls besitzt und wusste, wovon ich spreche, wenn ich sie fragte, wie die Frau mit dem gelben Namen nochmals heiße, die mir kürzlich eine Schokolade schenkte.

Ich weiß noch genau, als ich in der Oberstufen-Schule einen Lehrer hatte, welcher uns eines Montagmorgens erzählte, dass er an einem Seminar war, an dem er lernte, dass er sein eigener Schöpfer sei und dass es nichts gibt, was er nicht könne.

Ausnahmslos alle Schüler lachten ihn daraufhin lauthals aus und meinten spöttisch: „Ach ja? Dann springen Sie mal aus dem Fenster, mal schauen ob Sie auch fliegen können." Man sah ihm die Enttäuschung über die Reaktion der Schüler an, und er wusste, dass es wohl keinen Sinn macht, einer Horde Jugendlichen zu erklären, dass es mit mentalen Techniken möglich ist, über seine eigenen Möglichkeiten herauszuwachsen und ungeahnte Erfolge zu erzielen. Heute weiß ich, was er gemeint hat. Ich danke ihm trotzdem für den Versuch, und offensichtlich ist es ja doch hängengeblieben.

Meinem Vater danke ich, dass er mich gelehrt hat, nicht Fantastin, sondern Realistin zu sein, dass es auch Taten braucht, um ans Ziel zu kommen.

Dann möchte ich auch all meinen Freunden und Freundinnen danken, mit denen ich teilweise schon im Sandkasten gespielt habe. Unsere zahlreichen tiefgreifenden Gespräche inspirieren mich immer wieder. Auch wenn ich nicht jeden einzelnen monatlich sehe, weiß ich, dass wir mindestens so oft an uns denken.

Einen lieben Dank möchte ich auch Dunja geben, sie hat mir in der Intuitionsschulung Erlebnisse beschert, die mir den Geist geöffnet haben. Die wöchentlichen geleiteten Meditationen mit ihr gleichen einer ungewissen, lehrreichen Reise außerhalb des Alltags und erfüllen meinen Geist.

Danke an meinen Ex-Mann, der mir zwei wundervolle Töchter schenkte. Ohne ihn wäre ich nicht die, die ich heute bin. Danke dafür, dass wir weiterhin ein gutes Eltern-Miteinander pflegen dürfen und wir so unsere beiden gedeihenden Töchtern optimal unterstützen und begleiten können.

Meinem Partner und meinen Kindern möchte ich einen besonderen Dank aussprechen. Ohne deren Verständnis, dass sie mich auch mal einen Moment „in Ruhe" lassen, wenn ich abends um sieben todmüde im Sofa versank, weil ich morgens um fünf aufgestanden war, um an diesem Buch zu schreiben, wäre mein Buchprojekt gescheitert.

Ich danke all jenen, die zum Gelingen dieses Buches beigetragen haben, mich täglich von Neuem inspirieren und mir wertvolle Gedankenanstöße geben.

Skype- und Telefonberatung / Persönliche Beratung

Hast du noch zusätzliche Fragen, Unklarheiten zur Umsetzung oder möchtest du konkrete Tipps oder eine Beratung in Bezug auf ein persönliches Thema, welches dich limitiert? Oder möchtest du den falschen Glaubensätzen deiner Ängste auf die Schliche kommen und sie endlich loswerden? Dann gebe ich dir gerne wertvolle Informationen, Hilfestellungen und Übungen an die Hand, die deine Situation deutlich verbessern können:

www.petrapanholzer.com/mehr/beratung

Blog

In meinem Blog schreibe ich regelmäßig Artikel rund um das Buch „Das Herz hat seinen eigenen Kopf" und darüber hinaus. Schau doch einfach rein:

www.petrapanholzer.com/blog

Facebook

Folge mir, um regelmäßig Tipps und Informationen zu erhalten:

www.facebook.com/petrapanholzercom

Über Petra Panholzer

Unternehmerin, Autorin und Ideensprudlerin

Petra Panholzer ist 1971 in Luzern ge-
boren. Seit ihrer Kindheit ist sie sensitiv
veranlagt, und als Synästhetikerin nimmt
sie verschiedene Sinneswahrnehmungen
gleichzeitig wahr. Als Bilderdenkerin und
Ideensprudlerin war sie bereits als Kind
sehr kreativ, und mit ihrer unbändigen
Neugierde und ihren vielfältigen Interessen vermochte sie ihren Eltern Löcher in
den Bauch zu fragen. Es ist nicht verwunderlich, dass sie sich in ihrem
gelernten Beruf als eidg. dipl. Marketingplanerin viele Jahre wohl-
fühlte, da sie es liebt, immer wieder neue Projekte zu starten. Dabei
hat sie die Fähigkeit, ihre Mitmenschen mit ihrer Begeisterungsfähig-
keit anzustecken und zu motivieren. Schon mit 26 Jahren wurde sie
Marketing-Leiterin einer bekannten IT-Firma in Zürich und arbeitete danach in verschiedenen internationalen IT-Firmen im Kunden-
und Partner-Management. Während ihres Familienmanagements mit
zwei Kindern hat sie sich, getrieben durch ihre ungebremste Bunt-
begeisterung und ihrem Wunsch sich weiterzuentwickeln, mit einer
eigenen Massage- und Nailpraxis selbstständig gemacht. Zusammen
mit einer Freundin hat sie das Geschäft expandiert, welches heute
noch zufriedene Kunden bedient.

Ausgelöst durch einen schlimmen Autounfall mit Anfang zwanzig,
begann sie unter Panikattacken zu leiden. Dieser Unfall gab ihr einen

neuen Lebenssinn, und sie entwickelte ein großes Interesse an Persönlichkeitsentwicklung. Sie besuchte viele Seminare und Ausbildungen, nicht nur zu den Themen Intuition, Persönlichkeitsentwicklung und systemischer Hypnose, sondern auch zu businessorientierten Themen.

Heute hat sie, frei von Ängsten und Panikanfällen, zusammen mit ihrem Partner in der Nähe von Zürich, wo sie auch lebt, eine Beschriftungs- und Transportfirma aufgebaut.

Lightning Source UK Ltd.
Milton Keynes UK
UKOW01f0604060817

306738UK00010B/429/P